KB264890

팝 게릴라 레이디 가가

예영현대문화신서 15

# 팝 게릴라 레이디 가가

**초판 1쇄 찍은 날** · 2012년 4월 23일 | **초판 1쇄 펴낸 날** · 2012년 4월 26일

**지은이** · 김세광, 박양식, 박준용, 정우진, 정종은, 최성수, 최태연 | **펴낸이** · 김승태

**편집** · 김은주, 이승연, 이보영 | **디자인** · 변현정
**영업** · 변미영, 이규로 | **물류** · 조용환

**등록번호** · 제2-1349호(1992. 3. 31) | **펴낸 곳** · 예영커뮤니케이션
**주소** · (136-825) 서울시 성북구 성북1동 179-56 | **홈페이지** www.jeyoung.com
**출판사업부** · T. (02)766-8931 F. (02)766-8934 e-mail: edit1@jeyoung.com
**출판유통사업부** · T. (02)766-7912 F. (02)766-8934 e-mail: sales@jeyoung.com

copyright ⓒ 2012, 김세광, 박양식, 박준용, 정우진, 정종은, 최성수, 최태연
ISBN 978-89-8350-793-8(04230)
　　　 978-89-8350-790-7(세트)

값 12,000원

* 잘못 만들어진 책은 교환해 드립니다.
* 본 저작물은 저작권법에 의하여 한국 내에서 보호를 받는 저작물이므로 무단 전재와 무단 복제를 금합니다.

레이디 가가를 보는 기독교의 또 다른 시각

# 팝 게릴라 레이디 가가

김세광, 박양식, 박준용,
정우진, 정종은, 최성수, 최태연 지음

예영커뮤니케이션

지난 1월에 미국 뉴욕에서 열린 디지털 출판 컨퍼런스에 참석하는 길에 친분 있는 성화작가의 작품을 미국에 소개하는 문제로 자문을 구하기 위해 한 큐레이터를 만났다. 그는 성화작가의 포트폴리오를 세심하게 살펴보고 조언을 해 주었다.

"작품들이 훌륭하네요. 성화는 미국에서는 파인아트(fine arts)에 속하지 않고 팝아트(pop art)에 속합니다. 그런데 이런 작품들을 미국에 소개하는 것은 쉽지 않습니다. 차라리 예수의 형상을 찢거나 십자가를 부러뜨리거나 하는 식으로 전통적인 형상을 파괴하는 작품이면 몰라도 이처럼 성경에 나타난 예수의 형상을 아름답게 표현하는 것만으로는 미국에서는 사람들의 관심을 얻을 수 없습니다."

순수한 신앙으로 예수님을 그리는 데 헌신한 작가를 도와보겠다는 노력은 매몰찬 큐레이터의 조언에 의해 처참히 구겨졌다.

인간의 삶 언저리에는 대중문화예술이 존재한다. 대중문화예술은 삶의 희로애락을 담고 있어서 때로는 사람들의 아픔을 달래기도 하고 기쁨을 주기도 한다. 그것은 마치 공기나 빛과 같은 존재로, 삶에 절대적으로 필요하지만 선과 악을 명확히 구분 짓기 어렵다. 공기 속에는 깨끗한 것과 더러운 것이 분명히 존재하지만 그 경계선이 모호하고 손에 잡히지 않는 것과 같다.

대중문화예술의 가치는 늘 두 가지 방식으로 대중의 평가를 받는다. 하나는 전문 비평가에 의해 시대적 가치와 질적인 가치를 평가받고 또 하나는 판매를 통한 대중의 평가이다. 예전에는 전문가들의 비평이 중요한 몫을 차지했지만 요즘은 판매나 호응을 통한 대중의 평가를 더 중요시하는 경향이 있다. 대중문화예술의 규모가 커지면서 상업적 반향이 더 중요해졌기 때문이다. 그래서 전문 비평가들의 호평을 받은 작품이 대중으로부터 외면을 받아 빚더미에 앉기도 하고, 반면에 혹평을 받은 작품들이 대중의 열광적인 소비로 시대의 아이콘으로 떠오르기도 한다.

금년 2월 11일에 미국의 팝가수 레이디 가가(Lady Gaga)의 싱글 앨범 〈Born This Way〉가 발표되어 전 세계적으로 인기를 얻고 있는 가운데, 그녀의 앨범을 바탕으로 한 세계순회공연 The Born This Way Ball Tour의 첫 공연이 4월 27일 서울에서 열린다. 이에 기독교의 몇몇 단체에서 앨범에 담긴 노래들의 '동성애 옹호'와 '반기독교적인 요소'를 지적하며 공연반대 여론조성에 나서고 있다. 그 단체들이 배포하고 있는 자료는 매우 신앙적으로 보이지만 절대선과 절대악의 흑백논리로만 볼 수 없는 대중문화예술에 대한 몰이해가 저변에 깔려 있다. 이 책은 이에 대한 문제의식에서 시작되었다. 우리 사회에 레이디 가가의 작품과 논란이 되는 퍼포먼스에 대해 바른 시각을 제공하고, 기독교적 관점에서도 좀 더 바른틀을 모색해 볼 필요가 있다. 대중문화예술의 본질을 이해하지 못하고 함부로 비판하면, 정의라는 이름 아래에 또 다른 불의를 만들 수도 있다. 이에 대한 예수님의 가르침은 분명하다.

"비판을 받지 아니하려거든 비판하지 말라. 너희가 비판하는 그 비판으로 너희가 비판을 받을 것이요 너희가 헤아리는 그 헤아림으로 너희가 헤아림을 받을 것이니라."(마 7:1-2)

기독교가 대중문화예술에 어설픈 비판을 가하게 되면, 오히려 노이즈 마케팅을 힘입어 더 많은 소비를 유발시키고 애호가들을 결집하게 하는 결과를 초래할 수도 있다.

뉴욕에서 만났던 큐레이터의 말대로 대중의 눈과 마음을 사로잡으려면 정상적이고 상식적인 접근으로는 불가능하다. 오히려 파격적이고 자극적으로 표현해야 한다. 레이디 가가는 사람들의 관심을 얻는 일이라면 어떤 일이든 감행하는 것처럼 보인다. 그녀의 발상은 기발하기만 하다. 게다가 소셜 미디어를 가장 잘 활용하는 몇 안 되는 아티스트이다. 그녀가 쓰고 있는 이러한 방식들은 현대 문화 마케팅의 기본 원리가 되고 있다.

세간의 화제를 모으고 있는 그녀의 노랫말과 퍼포먼스는 시청률을 위해 자극적인 소재를 다루는 막장드라마나 한류를 주도하는 아이돌 그룹의 미소년, 미소녀 이미지 메이킹과 근본적으로 다를 바가 없다. 솔직히 말해서 대다수의 기독교인들도 그러한 문화를 즐기고 있지 않은가? 사도 바울은 이러한 육체적이고 세속적인 유혹에 대해 이렇게 한탄했다.

"오호라 나는 곤고한 사람이로다 이 사망의 몸에서 누가 나를 건져 내랴 우리 주 예수 그리스도로 말미암아 하나님께 감사하리로다 그런즉 내 자신이 마음으로는 하나님의 법을 육신으로는 죄의 법을 섬기노라."(롬 7:24-25)

데뷔한 지 3년 만에 세계 정상에 올라 대중에게 막강한 영향력을 미치고 있는 그녀의 실체를 살펴보면서 우리는 문화의 다양한 영역을 넘나들며 맹활약을 하고 있는 레이디 가가를 '팝 문화 게릴라'로 정의했다.

레이디 가가에 대해 기독교가 맹목적으로 비판하고 반대하기보다는 먼저 그녀를 객관적으로 볼 수 있는 기회를 제공하고, 현대 대중음악에서 그녀가 차지하고 있는 위치와 의미를 고찰해 보려 한다. 또한 그녀가 어떤 과정을 거쳐 이 시대의 팝 아이콘이 되었는지 사회문화적 배경을 조명해 보며, 나아가 그에 대한 기독교적인 분별력을 제시해 보고자 한다. 우리는 레이디 가가를 편견 없이 보려고 노력했고 이해하려고 노력했다.


제1장 대중음악 전문 프로듀서인 김세광 PD의 '대중심리를 꿰뚫는 레이디 가가의 음악적 천재성'은 현대 대중음악의 흐름 속에 드러난 그녀의 음악세계를 조명해 본다.

제2장 영화 및 문화평론가인 최성수 교수의 '레이디 가가는 무엇을 노래하나?'는 레이디 가가의 비주얼한 퍼포먼스와 대중문화활동, 노랫말 분석을 통해 드러난 반기독교적인 면모에 대해 살펴본다.

제3장 미학자인 정우진, 정종은 교수의 '레이디 가가, 죽음의 춤을 추어라: 마더 몬스터의 구원과 엽기적 상상력에 관하여'는 이 시대의 가장 강력한 팝 아이콘이자 글로벌문화 게릴라로 빠르게 성장한 레이디 가가의 '작업', 즉 대중음악계의 가장 전위적인 캐릭터로서, 최고의 상상력을 자랑하는 패셔니스타로서, 두루 인정받는 싱어송라이터로서 그리고 무엇보다도 동시대의 '핫'한 행위예술가로서 레이디 가가의 '복합적인 실험'에 대한 나름의 사회미학적 분석과 평가를 시도한다.

제4장 문화평론가인 박준용 교수의 '크리스천, 레이디 가가에 빠지다'에서는 일회성 사례로 '레이디 가가 사태'의 의미를 다루기보다는 이전에도 계속되어 왔고 또 앞으로도 끊임없이 반복될 가능성이 농후한 기독교계의 비기독교 문화 콘텐츠에 대한 기독교의 전통적인 해석 태도가 타당한 것인지를 비판적으로 살펴보고, 이를 바탕으로 전향적인 해석의 대안적 태도를 고민해 보고자 한다.

제5장 기독교문화학자인 박양식 교수의 '레이디 가가와 기독교 대응방식: 성찰을 통한 대안 찾기'는 파격적이고 기이한 예술에 대한 논란의 역사를 짚어 보고, 한국 기독교계에서 레이디 가

가에 대해 제기하고 있는 쟁점에 대해 기독교인들이 어떤 성찰을 해야 할지 검토하며, 대중문화 현안에 대한 전략적이면서도 적절한 대응의 담론을 제시한다.

제6장 기독교철학자인 최태연 교수의 '혼란에 빠진 영성: 레이디 가가의 세계관과 영성'은 이 책의 결론에 해당되는 글로서 레이디 가가의 음악적 독특함은 그녀 스스로 음악을 통해 쌓아 온 세계관과 영성에서 나오는 것임을 지적하고, 기독교계에 끊임없이 상이한 평가를 만드는 이 독특함의 정체에 대해 기독교의 입장에서 그녀의 세계관과 영성을 분석해 보았다.

부록 'About 레이디 가가'는 그녀에 대한 미국 대중음악산업, 언론의 평가와 빌보드 차트, 수상 경력, 간략한 전기와 같은 객관적인 자료를 소개한다.

순수한 기독교 신앙의 관점에서 보면, 레이디 가가는 금단의 열매를 먹은 하와와 같은 위험한 아티스트로 보인다. 그러나 기독교의 역사가 죄의 조상인 아담과 하와의 후손의 타락에 대한 하나님의 끊임없는 구원사인 것처럼, 그녀도 하나님의 구원의 대상으로 우리가 가슴을 넓게 펴고 품어야 할 아티스트 중 하나이다. 구원의 결말은 우리의 기도와 기다림에 있다. 정죄와 심판은 하나님께 있기 때문이다.

"할 수 있거든 너희로서는 모든 사람과 더불어 화목하라 내 사랑하는 자들아 너희가 친히 원수를 갚지 말고 하나님의 진노

하심에 맡기라 기록되었으되 원수 갚는 것이 내게 있으니 내가

갚으리라고 주께서 말씀하시니라."(롬 12:18-19)

예영커뮤니케이션 대표

김승태

팝
게릴라
레이디
가가

# 목차

# 01

대중심리를 꿰뚫는
레이디 가가의 음악적 천재성

- 레이디 가가의 음악 세계

## 1. 팝의 아이콘

세계 대중문화의 새로운 아이콘으로 떠오르는 레이디 가가의 내한공연으로 국내 대중문화계와 일부 기독교 간의 내한공연 반대 논쟁이 뜨겁다. 이는 90년대 중반 기독교계가 마이클 잭슨(Michael Jackson) 내한공연에 반대운동을 벌였을 때와 비슷하지만 지금 SNS를 통해 퍼지는 논쟁은 예전과는 사뭇 다른 파장을 불러오고 있다.

당시 기독교윤리실천운동연합이 마이클 잭슨 반대운동을 벌인 공식적인 이유는 고가의 입장료로 인한 국부의 유출, 수재민과 국민 정서 외면, 청소년의 건전한 문화와 사고 저해라고 주장했다. 교회에서는 설교를 통해 정확한 근거 없이 '마이클 잭슨 = 사탄'이라는 주장이 꽤 받아들여졌고 공연은 화제를 모았지만 기대했던 것보다 흥행하지 못했다.

공연 이후 기독교계에서 주장했던 내용들을 분석해 보면, 마이클 잭슨 내한공연 반대운동은 해외언론의 가십란에서나 볼 정도의 웃음거리가 된 것도 사실이다.

2009년 세상을 떠난 마이클 잭슨은 '팝의 황제(King of Pop)'로 불리면서 8, 90년대 대중음악의 흐름을 주도했고 사회문화적으로도 많은 영향을 끼쳤다. 그의 공연 퍼포먼스는 들려주는 음악에서 보여 주는 음악으로 대중을 사로잡았고, 그만의 열정과 창의력으로 새로운 음악 스타일을 대중에게 끊임없이 보여 주었다.

마찬가지로 레이디 가가가 현재 대중의 관심을 받고 미국 사회를 비롯한 전 세계 대중문화에 큰 영향력을 끼치고 있는 것은 그녀가 단지 입만 뻐끔거리는 '붕어가수'가 아닌 창의적인 싱어송 라이터이자, 항상 논란을 일으키지만 파격적인 퍼포먼스를 선보이는 아티스트로 대중을 사로잡았기 때문이다. 현재 레이디 가가가 입는 의상과 스타일, 말 한마디가 언론과 SNS(Social Network Service)를 통해서 지구 곳곳에 알려지고 있으며 뉴스의 헤드라인을 장식하기도 한다.

마이클 잭슨과 레이디 가가의 공통점은 뛰어난 음악성과 창의성을 바탕으로 팝문화의 아이콘이자 대중음악의 정상에 서 있는 점이다.

## 2. 어린 시절 음악의 영향

레이디 가가의 아티스트로서의 삶은 어렸을 때부터 시작된다. 1986년 뉴욕의 이탈리아 이민자 가정에서 태어난 스테파니 조앤 안젤리나 저마노타(Stefani Joanne Angelina Germanotta)는 어려서부터 클래식을 접하면서 음악적 영양분을 흡수하게 된다. 그녀는 만들어진 가수라기보다는 어려서부터 다양한 음악적 토양에서 자라 온 아티스트이기 때문에 음악의 깊이와 표현의 넓이가 다르다고 할 수 있다. 음악을 좋아했던 가족의 영향으로 일찍 음악을 접하면서 아티스트로서의 꿈을 키워 나간 레이디 가가는 다양한 장르의 음악을 접하게 된다.

아버지가 좋아했던 핑크 플로이드(Pink Floyd), 롤링 스톤즈(Rolling Stones), 빌리 조엘(Billy Joel), 비틀즈(Beatles), 엘튼 존(Elton John)의 음악을 자연스럽게 들으며 자랐고 팝의 황제 마이클 잭슨과 신디 로퍼(Cyndi Lauper)의 음악을 듣고 다니면서 팝아티스트로서의 꿈을 키워 나갔다. 또래의 친구들이 미국 아이돌의 음악을 듣고 다닐 때 그녀는 7, 80년대의 공연 퍼포먼스의 선구자였던 데이비드 보위(David Bowie)와 퀸(Queen)을 통해 음악과 퍼포먼스에 대한 자신의 스타일을 그려 나갔다. 그녀가 퀸의 보컬 프레디 머큐리(Freddie Mercury)와 목소리가 비슷하여 퀸의 노래 중 하나인 "라디오 가가(Radio GaGa)"에서 예명을 갖게 된 것은 유명한 일화이다.

13세에 첫 발라드 곡을 만들 정도로 어렸을 때부터 뛰어난 재능을 보였던 레이디 가가는 14세에 뉴욕의 클럽 무대에 오르기도 했다. 17세에 뉴욕의 유명한 예술학교인 뉴욕대학 티시예술학교(New York University's Tisch School of the Arts)에 조기 입학하여 천부적인 음악과 예술에 대한 재능을 보였으며, 예술, 종교, 정치에 관한 논문과 작곡을 공부하며 실력을 연마하다가 중퇴한 후 음악계에 본격적으로 뛰어들게 된다.

레이디 가가의 이름은 뉴욕의 클럽에서 먼저 알려졌다. 2007년 로워 이스트 사이드(the Lower East Side)의 DJ이자 행위예술가인 레이디 스타라이트(Lady Starlight)란 예명의 콜린 마틴(Colleen Martin)과 함께 뉴욕의 클럽에서 '레이디 가가와 스타라이트 레뷔(Lady Gaga and the Starlight Revue)'라는 이름의 밴드로 활약하면서 이름을 알리기 시작했고 음반 관계자들의 주목을 받기 시작했다. 이 당시 머큐리 라운지(Mercury Lounge), 록우드 뮤직홀(Rockwood Music Hall) 같은 뉴욕의 클럽에서 밴드를 결성해 공연을 시작했을 때 록보다는 보다 대중적인 음악에 초점을 맞추어 공연했으며, 행위예술을 공연하기도 했다.

'The Ultimate Pop Burlesque RockShow(더 얼티밋 팝 벌레스크 록쇼)'라는 타이틀로 행해진 이 공연은 1970년대 유행한 공연으로 다양하게 행해졌던 로우 파이(Lo-fi, 음악장르 중 하나) 경향의 공연에 대한 레이디 가가의 헌정 공연이었다. 이때부터 레이디 가가의 공연은 파격적인 의상과 거침없는 퍼포먼스로 관객들에게 충격을 주었고 열광적인 반응을 얻게 된다.

당시 함께 활동을 했던 레이디 스타라이트는 레이디 가가의 무대의상을 제작하는 데 도움을 주었고 의상 컨셉은 레이디 가가의 트레이드 마크가 될 정도로 개성이 있었다.

19세에 우연한 기회에 한 레이블과 계약을 하게 되나, 3개월 만에 취소되는 해프닝도 있었다. 그러나 힙합계의 슈퍼스타이자 제작자인 에이콘(Akon)이 설립한 '콘 라이브(Kon Live)'에 픽업되었고 이후 메이저 레이블인 '인터스코프 레코드(Interscope Records)'와 계약을 하고 프로페셔널 작곡가로서 활동을 시작하였다. 레이디 가가는 자신의 앨범의 상당수를 작곡했고 얼마 전에는 뉴 키즈 온 더 블록(New Kids On the Block)의 재결성 앨범에 작곡자로 참여할 정도로 뛰어난 능력을 보여 주었다. 또한 퍼지(Furgie), 푸시 캣 돌스(Pussy Cat Dolls), 브리트니 스피어스(Britney Spears) 같은 아티스트들의 곡을 작곡하면서 팝계에 이름을 알리기 시작했고, 에이콘은 그녀가 작곡뿐 아니라 가창력과 음악적 표현이 매우 뛰어나다는 것을 알게 되어 데뷔의 길을 열어 주게 된다.

### 3. 데뷔 앨범 〈The Fame〉

2000년대 후반 이후에 세계 대중음악의 흐름은 일렉트로닉 사운드로 넘어갔다. 주류 팝사운드와 힙합, 록음악도 일렉트로닉 사운드를 표방하면서 대중의 트렌드를 이끌어 가게 된다. 이런 흐름 속에서 레이디 가가는 2008년에 데뷔 앨범 〈The Fame〉을 발표하게 된다.

인터스코프를 통해 발표한 이 앨범의 주제는 제목처럼 명성을 얻어 유명해지고 모두가 유명인처럼 느낄 수 있다는 내용을 담고 있다.

그녀는 앨범의 모든 곡을 직접 썼고 자신의 자전적인 내용을 곡에서 표출했는데, 이 앨범에는 마이클 잭슨, 캣 디루나(Kat DeLuna), 뉴 키즈 온 더 블록 등의 앨범에 참여해 트렌디 댄스 팝 음악의 명프로듀서 각광을 받고 있던 레드 원(RedOne)을 비롯해서 롭 푸사리(Rob Fusari), 페르난도 가리베이(Fernando Garibay), 빌랄 하지(Bilal Hajji), 마틴 키어젠바움(Martin Kierszenbaum), 로드니 저킨스(Rodney Jerkins), 테디 라일리(Teddy Riley), 스페이스 카우보이(Spacecowboy), 론 페어(Ron Fair) 등 여러 명의 프로듀서들이 함께 참여했다. 곡마다 프로듀서가 붙어서 그들만의 스타일로 각각의 곡들을 완성시켜서 전체 앨범으로 만들어 낸 것이다.

이 앨범에 수록된 곡은 앨범에 앞서 싱글로 먼저 발표된 "Just Dance", 두 번째 싱글인 "Poker Face", 세 번째 싱글인 "Eh, Eh(Nothing Else I Can Say)", "LoveGame", "Paparazzi"가 연속 히트를 치면서 가가의 이름을 전 세계적으로 알리게 된다.

〈The Fame〉에 수록된 곡들은 사랑에 대한 이야기를 담고 있으며 레이디 가가의 시각에 따라서 곡의 전개가 이루어진다.


4. 음악 스타일

레이디 가가는 자신의 음악을 대중적인 팝 멜로디와 어려서 영향을 받았던 데이비드 보위와 퀸의 빈티지 글램록(Glam Rock)을 융합해서 아방가르드와 일렉트로닉 댄스음악으로 복고적이면서도 새로운 사운드로 자신의 음악 색깔을 만들게 된다.

글램록은 하나의 장르인 동시에 1970년대 영국의 문화이기도 했는데, 핑크 플로이드로 대표되는 1970년대 프로그레시브(progressive)의 진지함에 대한 반작용이었다. 원색으로 물들인 머리, 두터운 화장, 무지개색을 휘날리는 복장 등 시각적 표현을 매우 중시했고 음악적으로는 정통 로큰롤에 기반을 두면서, 센세이셔널한 패션과 분위기로 인해 1970년대 영국 젊은이들의 열광적인 지지를 받았다.

대표적인 글램록 아티스트는 데이비드 보위, 퀸, 키스(Kiss), 티렉스(T Rex) 등이며, 글램록의 전위적이고 퍼포먼스가 공연의 중심인 부분을 데프 레퍼드(Def Leppard), 롭 스튜어트(Rod Stewart), 엘튼 존 등의 영국 아티스트들이 영향을 받았다. 70년대 후반의 펑크록(Punk Rock)을 거쳐서 80년대 붐을 이룬 뉴웨이브(New Wave)로 흘러들어 글램록은 듀란 듀란(Duran Duran), 마돈나(Madonna), 신디 로퍼, 컬처 클럽(Culture Club) 같은 팝스타에게 영향을 주어 보다 매혹적이고 대중적 트랜드의 글램록을 낳게 된다.

1986년생인 레이디 가가가 1970년대의 산물인 글램록을 자신의 음악에 녹여 낸 것은 독특한 발상으로 어려서 들어 온 자양분들이 지금의 음악을 만들어 낸 것이다. 레이디 가가는 인터뷰를 통해서도 글램록의 영향에 대해서 언급했다.

"퀸과 데이비드 보위는 나에게 열쇠였다. 그들을 발견하기 전까지는 나는 무엇을 해야 할지 몰랐다. 내가 뉴욕의 록 클럽에서 활동할 때에 많은 음반 제작사들이 나를 너무 연극적이라고 생각했고, 뮤지컬 공연을 위해 오디션을 볼 때에는 감독으로부터 너무 팝적이라는 말을 듣기도 했다."

데뷔 앨범을 준비하면서 레이디 가가는 데이비드 보위와 퀸에게 영감을 받은 곡들과 새로운 스타일인 일렉트로 글램(electro glam)을 바탕으로 해서 곡들을 만들기 시작했는데, 복고적인 댄스음악과 멜로디는 어반 스타일 그리고 로큰롤을 접목시키려는 작업들을 시도했다. 또한 1980년대 팝메탈 그룹인 머틀리 크루(Motley Crue)와 AC/DC의 스타일을 자신의 곡들에 입히기도 했는데, 이런 시도는 기존에는 보기 어려웠던 독특한 음악 표현이었다. 그래서 레이디 가가의 음악이 대중들과 평론가들에게 어필할 수 있었던 것이다.

이런 음악적 배경 위에 레이디 가가는 에이콘을 만나면서 자신의 록적인 감수성에 일렉트로니카와 힙합 사운드를 얹어 "Just dance"와 "Poker face" 등 복고적인 멜로디에 세련된 비트가 더해진 곡으로 탄생된 것이다. 또한 그녀의 음악과 더불어 의상과 퍼포먼스는 8,90년대 초반 유로댄스의 일렉트로닉 팝(electronic pop), 신스팝(synthpop)의 형식미와 많이 닮아 있었다.

음악적인 부분에선 댄스 팝(Dance Pop)을 기초로 하여 80년대 일렉트로닉 팝과 신스팝을 접목시켰다. 신스팝은 신디사이저를 주로 사용해서 팝적인 음악을 하는 록음악의 한 갈래로, 복고적 이미지가 강하고 경쾌함 속에 시대의 여러 현상들을 노래하고 있다.

그러다 보니까 신스팝은 1970년대부터 시작된 록과 팝의 이분법적인 경계를 무너뜨린 장르라고 분류하곤 하는데 주류팝과 비슷한 사운드에 나름 의식 있는 음악을 접목시킨 것이다.

또한 글램적 전위예술과 문학적인 가사 그리고 팝 멜로디를 더한 예술로서의 팝을 지향했는데, 이 당시의 신스팝은 무겁지 않아 대중들에게 쉽게 다가갈 수 있었고 음악적 구성상으로는 단순해서 음악의 전개가 어떻게 될지 예측이 가능한 음악이었다. 펫샵보이즈(Pet Shop Boys), 디페쉬 모드(Depeche Mode), 뉴 오더(New Order) 같은 밴드가 이런 음악을 들려주었는데, 가사의 수준이나 실험적인 퍼포먼스, 세련되고 도회적인 사운드로 인해서 유럽의 대중음악계에 큰 영향을 주게 된다.

신스팝은 글램록, 펑크록과 유사한 점이 많은데 아방가르드한 느낌을 주면서도 대중친화적인 음악을 한다는 것이었고 비주얼적인 퍼포먼스에 큰 관심을 보였다.

이런 관점에서 레이디 가가의 음악이 언뜻 보면 단순한 클럽용 댄스 팝으로 볼 수 있으나 80년대 신스팝의 음악적 형식과 내용에 영향을 받았고 여러 다른 장르의 사운드가 융합되어 복고적 감성과 현대적 감각이 동시에 느껴질 수 있는 독창적인 음악을 선사한 것이다.

유로댄스의 영향을 받다 보니 그녀의 음악에는 실제 음악활동과 일상생활의 터전인 뉴욕의 흑인음악의 색채가 그리 많이 담겨 있지 않은 편이다. 흑인음악의 색채는 80년대 댄스 팝에서 많이 나타났던 펑키 사운드가 어느 정도 나타나 있고 그 외에는 일렉트로닉 사운드에 철저히 의존하면서 화려하고 비트 있는 사운드를 반복해서 들려주고 있다.

레이디 가가는 1980년대 댄스 팝의 장점을 확실하게 끌어왔는데, 비트가 강조된 최근의 경향에서 벗어나 멜로디가 강조되었던 1980년대 댄스 팝의 느낌을 주고 있다. 클럽음악은 비트가 강하게 나타나야 인기를 얻을 수 있었는데 레이디 가가는 대중성을 전제로 선이 굵은 멜로디가 드러나는 음악을 담아 냈다.

아무리 화려하고 충격적인 퍼포먼스로 대중을 사로잡는다고 해도 이런 음악적인 완성도가 높지 않고 매력이 없다면, 대중음악계에서 현재의 레이디 가가의 위상은 없었을지도 모른다.


## 5. 평가

이 앨범은 먼저 댄스 팝에 그렇게 호의적이지는 않았던 평론가들에게 좋은 반응을 얻었다. 대개 댄스 팝 앨범이 나오게 되면, 평론가들의 점수는 그리 후하지 않았다. 처절할 정도로 냉정한 평론가들과 평론 집단 사이트, 언론도 그녀에게 예상을 뛰어넘는 평점을 주었다.

첫 싱글이 "Just Dance"는 현대적이면서도 복고적인 느낌이 물씬 느껴지는 트랙으로 젊은 세대뿐 아니라 1980년대 음악 소비의 주체였던 3, 40대에게도 큰 반향을 일으켰고 클럽과 라디오를 중심으로 크게 히트했다.

일렉트로닉 사운드의 댄스음악은 레이디 가가 사운드의 핵심이고 데뷔 앨범 발표를 통해 이 음악의 흐름을 대중음악계에서 스스로 이끌어 갔다.

〈The Fame〉 자체에 대한 평론가들의 반응은 '놀랍다'는 것이었다. 같은 음과 가사가 반복되는 후크송 스타일의 곡들이 단순해 보이지만 표현과 독창성에 대해서는 좋은 평가를 내렸고 이런 관점에서 대중들이나 평론가의 시각은 대체로 비슷했다. 마치 1980년대에 마돈나가 댄스 팝 열풍을 불러일으켰던 것처럼 레이디 가가도 댄스음악의 수준을 대중적으로나 음악적으로 상당히 올려놓았다고 볼 수 있다.

물론 레이디 가가 이전이나 데뷔 당시의 미국 대중음악계에서 댄스 팝을 했던 많은 아티스트들이 있었고 그들이 성공을 거두면서 명성을 얻었지만 레이디 가가의 파격성과 음악에 대한 폭발력은 타의 추종을 불허할 만큼 독보적이었다.

이런 음악적인 성과는 빌보드 차트를 포함한 전 세계 음악 순위 집계의 수치로도 볼 수 있다. 음반의 대표 싱글인 "Just Dance"는 2008년 4월 8일 발매되어, 7개국에서 1위를 기록했다. 미국에서는 싱글이 발표된 지 6개월 뒤인 10월부터 라디오 방송

차트에 오르기 시작하였고, 2009년에 "Just Dance"가 빌보드 핫 100에서 1위로 등극하면서 가가의 첫 번째 미국 1위 싱글이 되었다. 두 번째 싱글인 "Poker Face"는 2008년 9월 29일 발매되어 세계 주요 음악 시장을 모두 포함하여 12개국에서 1위를 달성했다. "Poker Face"를 통해 가가는 2009년 4월 빌보드 핫 100에 이전 싱글에 이어 1위에 올랐다.

앨범 차트 성적은 영국, 캐나다, 오스트리아, 독일, 스위스, 아일랜드 그외 많은 국가에서 1위를 했고 미국의 빌보드 200차트에서는 2위에 올랐으며 댄스/일렉트로닉 앨범 차트에서 1위를 차지했다.

〈The Fame〉은 전 세계적으로 1,200만 장 이상이 팔렸고, 현재도 판매되고 있는데, 2009년 〈The Fame〉은 그래미상에서 6개의 부문에 후보로 올랐으며, "Poker Face"로 최우수 댄스 레코딩상을 수상한다. 또한 52회 그래미상에서 올해의 앨범상 및 최우수 일렉트로닉/댄스 앨범상을 수상하고 2010년 브릿 시상식(BRIT Awards)에서 최우수 인터네셔널 앨범상을 수상하기도 한다.

이렇게 레이디 가가의 데뷔 앨범 〈The Fame〉은 전 세계적으로 크게 히트를 하게 되고 대중성과 음악성, 상업적인 성과, 평단에까지 좋은 결과를 얻게 된다.

6. 자신의 음악에 대한 철학

레이디 가가는 자신의 앨범 〈The Fame〉에 대해서 이렇게 인터뷰를 했다.

"〈The Fame〉은 어떻게 누구나 유명해진 것처럼 느낄 수 있는가에 대한 앨범이다. 팝 문화는 예술이다. 팝 문화를 혐오한다는 것이 당신을 멋있는 사람으로 만들어 주지는 않는다. 그래서 나는 팝을 감싸 안았고, 여러분은 〈The Fame〉을 들을 때 그것을 알 수 있을 것이다. 〈The Fame〉의 유명세는 공유할 수 있는 유명세이다. 나는 여러분 모두를 파티로 초대한다. 나는 사람들이 이러한 라이프 스타일의 일부를 느끼길 원한다."

이 인터뷰를 통해서 레이디 가가는 팝문화를 저급하다고 평가하는 것에 대해 일침을 놓았고 팝문화가 예술적으로 손색이 없다고 이야기하고 있다.


7. 퍼포먼스

마돈나나 신디 로퍼 같은 여성 아티스트들의 모습을 지켜보며 자란 레이디 가가는 그들이 펼쳤던 스타일과 공연에 큰 관심을 보였고 많은 영향을 받았다.

당시 주류 대중문화의 기준을 넘어서는 논란을 불러왔고, 레이디 가가가 '혁명을 일으켰다.'며 존경하는 뮤지션인 마돈나의 음악과 공연은 레이디 가가에게는 교과서 같은 역할을 했고 마돈나의 패션이나 퍼포먼스를 자기 나름대로 발전시켜 자신만의 스타일을 만들어 냈다. 그래서 그런지 레이디 가가의 "Born this way"가 마돈나의 "Express yourself"와 비슷하다는 논란이 있기도 했다.

레이디 가가의 퍼포먼스는 너무나 선정적이고 파격적이어서 때론 보는 사람들에게 충격과 불편함을 주기도 하지만 늘 새로움과 복합화된 메시지를 전하고 있다. 공연 퍼포먼스가 지나치게 엽기적이라는 평가도 있고 음악 내용과는 동떨어져서 음악이 추구하고 전달하려는 메시지가 오히려 전달되지 않는다는 비판도 있지만 전 세계 투어를 통해 관객의 절대적인 지지를 받고 있다.

음악과 함께 그녀의 스타일을 만들어 온 것은 의상과 공연, 음향, 무대, 퍼포먼스에 이르기까지 크리에이티브한 작업을 함께 해 온 '하우스 오브 가가(Haus of GaGa)' 팀이 있다. 레이디 가가만을 위한 창작팀인 '하우스 오브 가가'는 구성원 거의 대부분이 레이디 가가와 비슷한 또래들로 이뤄져 있고 팝 아티스트 앤디 워홀(Andy Warhol)의 창작 집단인 '팩토리(The Factory)'를 모델로 레이디 가가의 음악과 공연, 이미지를 만들어 내고 있다.

20세기를 대표하는 팝 아티스트 앤디 워홀은 레이디 가가가 가장 존경하는 인물로 그가 창조해 낸 팝아트에 대해 동경을 가지고 창조적인 아이디어를 얻고 있다.

레이디 가가는 음악적 독창성뿐 아니라 패션과 팝아트의 요소를 끌어들여 아방가르드적인 스타일을 표현해 냈고 기이한 행동과 옷차림으로 논란의 중심에 서곤 했다. 레이디 가가의 인생 자체가 퍼포먼스라고 할 정도로 모든 것이 이슈화되고 있는데, 그녀가 행하는 모든 행동에는 그녀가 던지는 메시지와 스타일이 있고 공연 퍼포먼스를 통해서 어떤 아티스트인가를 보여 준다.


8. 공연 The Fame Ball Tour

레이디 가가의 첫 번째 투어 공연인 The Fame Ball Tour는 2009년 3월 12일 미국 샌디에이고(San Diego)에서 시작해 그해 9월 29일까지 북미, 유럽, 아시아, 오세아니아 대륙을 돌며 월드 투어를 하면서 모두 70차례의 공연을 펼쳤다.

첫 번째 월드 투어 공연이기 때문에 그녀는 앤디 워홀의 컨셉을 도입했고 팝 엔터테인먼트, 멀티미디어, 패션, 테크놀로지, 영상, 영화요소들을 콘서트에 도입해 공연을 마치 팝아트 콘서트처럼 구성했다.

그중의 하나인 2009년 8월 9일 서울 올림픽공원 올림픽홀에서 있었던 공연을 당시 공연계에 큰 문화충격을 주었다.


9. EP 〈The Fame Monster〉 발매와 The Monster Ball Tour

정규 앨범 〈The Fame〉에 이은 〈The Fame Monster〉는 레이디 가가의 EP 앨범이다. 미국에서 2009년 11월에 발매되었으며 가가의 데뷔 앨범인 〈The Fame〉의 기존 곡과 새로운 8곡을 추가로 수록하였다. 두 장의 리패키지 형식으로 발매되었다가 〈The Fame Monster〉의 새로운 곡만을 담아 독립 앨범으로도 발매되었다.

그녀는 2008년부터 2009년까지 월드 투어를 하는 동안 음악적인 발전과 더불어 세계적인 명성을 얻게 된다. 이 앨범은 그 투어를 하는 동안의 어두운 면을 다루고 있는데 앨범의 컨셉은 고전음악과 그녀의 절친한 친구이자 천재 패션 디자이너로 많은 아티스트로부터 사랑받았던 알렉산더 맥퀸(Alexander McQueen)의 패션쇼로부터 영감을 얻었다고 한다.

〈The Fame Monster〉는 인간 내면의 추악함과 어두움을 주제로 인간의 본질적인 원죄에 대해 묻고 있다. 이 앨범에 수록된 싱글 "Bad romance"는 나쁜 사랑, 해서는 안 되는 사랑임을 알면서도 거기에 끌릴 수밖에 없어 어쩔 줄 몰라 하는 인간 내면의 고뇌와 어두움을 나타낸 곡이다. "Bad Romance"의 뮤직비디오는 레이디 가가의 다른 뮤직비디오처럼 그로테스크한 분위기에서 어두운 내면을 그리고 있다. 한편으로는 예술성을 지닌 뮤직비디오로 호평을 받았지만, 다른 한편으로는 너무 어둡다는 평가를 받았다.

레이디 가가의 영상에 대한 미학은 음악의 분위기와는 다소 다르게 주제 의식을 선명하게 나타내고 있다.

앨범에 수록된 "Bad Romance"와 "Dance in the Dark",

"Telephone", "Alejandro"가 연속해서 히트하면서 전 세계 앨범 차트에서 높은 순위를 기록하게 된다.

앨범의 첫 싱글 "Bad Romance"는 빌보드 핫 100에서 2위를 했고 영국, 스웨덴, 스페인, 이탈리아, 독일, 캐나다 등 15개가 넘는 국가에서 1위를 차지했다. 이후의 싱글인 "Telephone"과 "Alejandro"로 두 개의 곡 모두 영국, 미국 차트에서 10위 안에 진입했다. 이 앨범 역시 세계적으로 많은 성과를 거두었는데, 빌보드 200에서 5위를 했으며 영국 음반차트에선 1위를 했다. EP 앨범의 홍보를 위해 가가는 1년이 넘도록 The Monster Ball Tour를 진행해 왔고, 역사상 가장 높은 수익률을 거둔 투어 중 하나로 기록되었다.

### 10. 두 번째 앨범 〈Born This Way〉

레이디 가가의 두 번째 정규 앨범 〈Born This Way〉는 데뷔 앨범 〈The Fame〉과 마찬가지로 신스팝, 일렉트로닉팝, 댄스 팝 스타일에 뿌리를 두고 있지만 전에 시도하지 않았던 오페라, 헤비메탈, 디스코, 로큰롤 등의 다양한 장르를 담았다. 또한 섹슈얼리티, 종교, 자유, 페미니즘, 개인주의와 같은 다양한 주제를 담았으며 비평가들에게 음악의 완성도가 지난 앨범에 비해 높아졌고 다양한 음악 스타일을 시도했다는 긍정적인 평가를 받았다. 레이디 가가 자신도 이 앨범에 대해서 '지금까지의 앨범 중 가장 정직한 앨범'이라는 평가를 내리기도 했다.

데뷔 앨범을 통해서 이미 세계 대중음악계의 정상에 선 레이디 가가의 두 번째 정규 앨범은 나오기 전부터 전 세계적으로 큰 관심을 받게 되었고 상업적으로도 큰 성공을 거두었다. 미국의 빌보드 차트를 포함해서 앨범을 발매한 대부분의 나라에서 팝 앨범차트 정상에 올랐으며, 미국에서 발매 첫 주에 110만 장 이상을 판매했고 전 세계적으로도 800만 장 이상의 판매고를 올렸다.

지금까지 앨범에서 "Born This Way", "Judas", "The Edge of Glory", "You and I"가 싱글로 발표되어 빌보드 차트 핫 100 10위권에 진입했고, "Born This Way"는 여러 기록을 세우게 된다.

"Born This Way"의 뮤직비디오는 충격적이고 파격적인 영상을 보여 준다. 음악과 영상이 어울린다기보다는 영상이 음악을 지배하고 있고 다소 '불편한 진실'을 느낄 수 있다. 대표적인 의상 컨셉인 란제리를 입고 다양한 퍼포먼스를 펼치면서 우리 모두는 평등하게 태어났고 태어난 그대로 살아가자는 내용을 담고 있다. 기괴하고 엽기적인 영상들은 레이디 가가가 오랫동안 준비해 온 퍼포먼스라고 하는데, 화려한 영상미와 대중적 멜로디의 상호작용을 통해서 메시지를 전달하고 있다. 이 메시지에 대한 해석은 받아들이는 사람에 의해서 달라지기 때문에 논란이 계속되고 있다. 이 앨범에서 동성애자에 대한 가사가 나오면서 일부에서 동성애를 옹호하고 신성모독을 하고 있다는 논란을 불러왔다.

두 번째 싱글인 "Judas"도 파격적인 내용과 뮤직비디오로 논란의 중심에 서기도 했다. 제목 자체가 Judas, 즉 유다와 사랑에 빠졌다는 내용으로 역시 종교적인 논란의 대상이 되었다.

이 노래는 오해를 불러일으킬 소지는 있지만 "Bad Romance"와 마찬가지로 유다를 찬양하는 것이 아니라 나쁜 것을 알면서도 그것에 빠져드는 인간의 나약함을 주제로 하고 있다. 하지만 일부 기독교계에서는 이번 앨범이 기독교를 모독하고 사탄을 숭배한다는 이유에서 2012년 4월 27일 서울에서 시작하는 The Born This Way Ball Tour 공연을 반대하고 있다.

## 11. 레이디 가가의 음악, 어떻게 들을 것인가?

레이디 가가의 음악과 공연은 기존 아티스트들이 보여 주었던 것과는 많은 차이가 있다. 단순한 멜로디로 쉽게 들리는 곡이지만 그 이면에는 어린 시절부터 내재되어 온 다양한 장르의 영양분이 녹아 있다. 세련된 일렉트로닉 사운드와 80년대 신스팝이 만나 전달하는 음악은 단순하면서도 서사적인 구조를 통해 점차 강렬하게 꿈틀거리는 음악을 표현하고 있다.

싱어송라이터로서 레이디 가가의 음악성은 두 장의 앨범을 통해서 충분히 보여 주었고 The Fame Ball Tour, The Monster Ball Tour를 통해 공연에서 보여 줄 수 있는 것은 거의 보여 주었다. 레이디 가가의 음악은 가사의 해석에 따라 논란이 될 소지가 어느 정도 있다. 하지만 더 큰 범주에서 레이디 가가의 음악을 들어본다면, 이 시대의 빛과 어두움을 투영하고 있고 인간에 대한 박애를 전하고 있다.

섹슈얼한 의상과 파격적인 공연 퍼포먼스는 메시지를 전하는 도구적인 역할을 하고 있고 그로테스크한 영상을 통해서도 자신이 전하려는 메시지를 극적이고 구체적으로 전달하고 있다.

음악을 듣는 사람의 경험과 배경에 따라 음악을 받아들이는 것은 다르다. 음악을 듣지 않고 그 음악이 어떤 음악이라고 판단을 내리는 것은 바람직하지 않다. 레이디 가가가 무엇을 이야기하고 있고 어떤 방법을 통해서 이야기하는지 편견을 버리고 들여다보는 음악적 관용도 필요하다. 결국 음악을 듣는 사람이 그 음악을 판단하는 것이다.

김세광

1995년 CBS 프로듀서로 입사 후 가요, 팝, 재즈, 클래식, CCM의 음악 프로그램을 제작했고, CBS 공연기획센터장으로 신영옥, 김동규, 금난새 콘서트, 대중음악 콘서트, 뮤지컬 갈라 콘서트, 오페라 〈카르멘〉, 〈프린스 이고르〉, 발레 〈호두까기 인형〉 등 다수의 공연을 기획, 연출했다. 한국대중음악상 선정위원과 네이버 '이주의 음악' 선정위원을 역임했고, 순천향대학교와 나사렛대학교 등에서 공연예술론과 방송연출론을 가르치고 있다.

# 02

# 레이디 가가는
# 무엇을 노래하나?

- 레이디 가가의 반기독교적 면모에 대해서

2012년 4월 현재, 세계적인 팝 스타 레이디 가가의 내한이 뜨거운 감자로 떠올랐다. 그녀의 내한공연이 12세 관람가였던 2009년과는 달리 청소년관람불가 판정을 받았기 때문이다. 물론 이에 반대하는 목소리가 유명인들과 소셜 네트워크를 통해 나오고 있지만, 주최측인 현대카드사에서도 수용하고 있는 형편이어서 판정이 번복되기는 어려워 보인다. 등급 판정의 부당함에 대한 주장은 대부분 영상물등급위원회(이하 영등위)가 내세우는 근거의 빈약함에 바탕을 두고 있다. 영등위는 음주를 조장하는 노랫말과 선정적인 안무, 영상을 근거로 내린 판정이라고 하지만, 일각에서는 선뜻 받아들이기 힘들다는 이의 제기가 계속되고 있다. 공연이 어떻게 진행될지는 아직도 밝혀지지 않았기 때문이고 또한 공연과 뮤직비디오는 다를 수밖에 없으며, 노랫말 역시 다양하게 해석될 여지가 있기 때문이다. 사실 직설적인 성행위로 말하자면, 요 근래 국내에서 유행하고 있는 여성 아이돌 그룹의 안무도 이와 동일한 판정을 받았어야 마땅하다. 대중문화에서 흔히 접할 수 있는 것들에 대해 너무 엄격한 잣대를 들이밀었다는 말이다.

이러다 보니 이번 내한공연의 등급 판정에는 또 다른 근거가 하나 더 있다고 추측되면서 반기독교적인 분위기가 더욱 확산되고 있다. 그것은 바로 국내 기독교 단체들의 공연 반대 움직임이다. 기독교 단체들은 그녀의 내한공연이 확정되고 난 얼마 후부터 그녀의 음악이 기독교를 노골적으로 비방하고 동성애를 권장한다는 이유로 끊임없이 내한을 반대하는 입장을 표명해 왔다. 한 기독교 단체의 성명서에 따르면, 공연 주관사를 불매운동으로 위협하며 기독교인들에게 문자로 독려하고 있다. 물론 불매운동이라는 압력이 등급 판정이 급하게 변경된 직접적인 원인이라고 해석할 이유는 아직 발견되지 않고 있다. 하지만 판정이 번복된 시점이 기독교 단체들의 반대 표명 직후라는 점을 보아 상호 연관성을 의심하는 가운데 반기독교적인 정서가 확산되고 있는 것은 막을 수 없을 것 같다.

이런 시점에서 레이디 가가의 음악에 대한 분석은 매우 절실하며, 다양한 장르에서 대중문화와의 소통을 추구해 왔던 한국 기독교의 현실에서 시급한 일이 아닐 수 없다.

무엇보다 먼저 언급되어야 할 것이 있다. 그녀의 노랫말과 뮤직비디오는 연관 관계를 전제하지 않고 있다는 사실이다. 노랫말과는 전혀 다른 의미의 영상을 사용하고 있는데, 이것은 의미를 추구하지 않고 충격적인 감동만으로 의미를 경험시키려는 포스트모던 예술의 한 전형이기도 하다. 의미를 생산하지 않으면서 의미를 경험하게 하기 때문에 매우 강력한 퍼포먼스와 사운드 그리고 화려한 비주얼을 내세울 수밖에 없다. 그녀가 패션에서 돋보이는 무대를 꾸미는 것도 사실은 청중들의 충격적인 경험을 겨냥한 것이며, 생고기 드레스나 기이하고 특이한 의상으로 이미 음악계는 물론이고 패션계에서 상당한 성공을 거두었다고 볼 수 있다. 그녀에게 패션과 안무는 노래의 한 부분이다. 따라서 노랫말에 대한 분석과 뮤직비디오에 대한 분석 그리고 패션과 공연에 대한 분석은 각각 분리되어야 한다. 영상이나 노랫말만을 가지고 그녀의 음악이나 공연을 판단하는 것은 공연 예술의 미학을 무시하는 처사로 비난받을 수밖에 없다.

이 글은 레이디 가가가 부르는 노래들 가운데 대표적인 몇 개의 주제와 가사들을 분석하고 필요에 따라 뮤직비디오를 살펴보며, 또한 포스트모던의 조류 속에서 레이디 가가의 음악세계가 어떻게 이해될 수 있는지를 살펴본다. 그리고 대중문화의 관점에서, 윤리적 관점에서, 기독교적 관점에서 어떻게 분별할지를 제시하려 한다.

## 1. 기독교에 대한 직접적인 비판인가

흔히 기독교계에 사탄숭배자로 알려져 있는 마릴린 맨슨(Marilyn Manson)[1]은 첫 내한공연 인터뷰에서 자신에 대한 오해에 대해 이렇게 해명한 바 있다.

"내가 혐오하는 것은 신이 아니라, 종교를 이용해 교육받지 못한 사람들을 지배하려는 사람들이다."[2]

기독교 자체에 대한 비판이 아니라 오용과 남용 및 사기적인 행각에 대한 비판이라는 주장이다. 물론 최근에 와서는 기독교에 대한 그의 비판이 기독교를 핵심으로 하고 있는 서구 문화에 대한 총체적인 비판이라고 이해되기도 한다. 하지만 어쨌거나 그의 음악 속에서 드러나는 종교적인 면모는 명백히 반기독교적인 코드이다. 그리고 기독교에 대한 그의 비판적인 태도는 거의 모든 앨범에서 일관되게 발견된다.

반면에 레이디 가가의 경우는 특이하다. 그녀는 지금까지 총 2개의 정규 앨범을 발표했다.[3] 물론 두 앨범이 골고루(?) 반기독교적이라는 비판을 받지만, 가장 늦게 나온 〈Born this way〉를 제외하고 나머지 두 앨범은 조금만 관심을 기울여 보면 기독교에 대해서 특별히 부정적인 입장을 취하지 않다는 것을 알 수 있다. 그녀가 〈Born this way〉에 와서 왜 갑자기 종교에 대한, 특히 기독교에 대한 원색적인 비난으로 들릴 수 있는 표현을 서슴지 않는지는 의문이다. 이와 관련해서는 조심스러운 추측으로 미뤄 두고 마지막에 잠시 언급하겠다.

어쨌거나 그녀의 음악을 '반기독교적인 음악'이라는 틀 안에서만 조망하는 것은 그녀에게나 팬들에게는 다소 억울한 일이다. 비록 그녀는 단편적이긴 하지만 자신의 음악을 통해 어떤 내용을 일관되게 주장하고 있는데, 그것은 물론 종교적일 수도 있지만, 보기에 따라서는 개인의 삶과 윤리 그리고 사회정치적인 문제들과 관련한 일이기도 하다. 따라서 '반기독교적인 음악'이라는 프레임을 갖고 그녀의 음악을 접하는 것은 사회적으로 반응해야 할 문제들임에도 불구하고 사회는 이것을 관망하고, 기독교는 선불리 반응하여 반기독교적인 정서를 야기시킬 수 있게 되었다.

## 2. 레이디 가가의 음악

레이디 가가는 스스로를 음악뿐 아니라 패션에 있어서도 예술가라고 말한다. '패션 파괴자'라는 그녀의 별명은 그녀와 꼭 들어맞는다. 언론 앞에 모습을 드러내기만 하면 언제나 뜨거운 이슈가 되는 그녀는 심지어 음악보다 패션에 있어서 더 이름이 나 있다. 록커(Rockers) 스타일에서부터 펑키(Punky), 고스(Goth),[4] 글램(Glam),[5] 도미나트릭스(Dominatrix),[6] 안드로지너스(Androgynous),[7] 차브(Chav)[8] 스타일에 이르기까지 다양한 패션을 자유자재로 구사하고 있다.[9] 반면에 패션에 비교하자면 음악은 오히려 진부하다고 할 만큼 보편적이다. 일각에서는 그녀의 음악을 마돈나와 엘튼 존, 마이클 잭슨, 퀸과 같은 팝가수들의 음악적 질료들을 혼합 가공해 탄생한 파생품이라고까지 말한다. 실제로 그녀의 음악을 (특히 "Born this way") 듣다 보면 마돈나를 생각나게 하는 창법과 퀸의 "We will rock you"의 흔적을 쉽게 발견할 수 있다. 또 곳곳에서 발견되는 매력적인 혹들은 최근 일렉트로닉 팝을 넘어서 R&B 계열의 음악에서도 즐겨 차용하는 것들이다. 실제로 대중적인 팝 음악에 관심이 있고 이를 즐겨 듣는 사람이라면, 레이디 가가의 음악을 아무런 부담 없이 즐길 수 있을 것이다.

한편으로 그녀의 진부한 음악은 우려의 대상이 되기도 한다. 음악과 패션이 명확하게 구분되지 않은 상태에서 획득되는 음악적인 지지는 결국 음악성의 빈곤함을 초래할 수도 있기 때문이다. 하지만 이는 기우인 듯하다. 사실 이러한 염려는 그녀가 패션에서 보여 주는 만큼의 실험성을 음악에서도 보여 주었으면 하는 기대를 저변에 깔고 있기 때문인데, 그녀가 보여 주는 보편적인 음악과 기괴한 패션의 조화는 포스트모던 사회이자 또한 영상문화시대에 자신을 주장하고 관철시킬 수 있는 탁월한 선택이기 때문이다. 충격을 요구하는 사회에서 비주얼한 화려함은 대중에게 어필하는 힘이 있기 때문이다. 게다가 영상문화시대에서 매우 활성화되고 있는 뮤직비디오는 비주얼한 측면을 강조하지 않으면 안 되게 만든다. 사실 마돈나의 경우도 마찬가지이지만, 이만큼 실험적인 요소들을 대중성과 잘 접목시킨 사례도 굉장히 드물다. 그렇다고 해서 그녀의 음악이 단지 실험적인 패션을 어필하기 위한 수단에 불과하다는 것은 아니다. 모방을 바탕으로 한 재창조, 파생품이라고 하지만 이를 단순히 비판으로만 받아들일 수는 없기 때문이다. 넓게 봤을 때 모든 현대 예술은 모방을 통한 재창조이기 때문이다. 레이디 가가는 단순한 모방을 넘어 모방을 통해 가십거리를 유발하면서까지 자신을 대중매체의 주인공으로 등장시킬 줄 아는 가수이다.

레이디 가가의 음악이 이미 오래전부터 대중성을 획득한 팝 음악에 기반하고 있다는 점은 반기독교적인 시각에 일침을 가한다. 사람들이 그녀에게 반기독교라는 낙인을 찍을 때 흔히 마릴린 맨슨이나 데스 메탈(Death metal)[10] 쪽의 밴드들을 언급한다. 이때 그녀의 음악 또한 이들과 동일한 취급을 받게 되는데, 이는 분명 온당하지 못한 평가다. 정규 2집에 이르러 레이디 가가의 음악들이 대체로 어두운 색이 짙어진 것은 사실이지만, 맨슨의 음악이나 데스 메탈과는 엄격하게 구분되기 때문이다. 맨슨과 같이 직접적으로 기독교를 비방하고 조롱하는 음악가들은 일단 사운드 자체가 굉장히 어둡다. 지나칠 정도로 왜곡된 기타 사운드와 공격적인 드러밍 그리고 대체로 마이너한 코드[11] 진행 때문이다. 이는 직관적으로 어두운 색을 토해 내는 요소들이기 때문에 이론의 여지가 없다. 반면에 레이디 가가의 경우, 이전에 있었던 경쾌한 리듬이 희미해지고 전반적으로 무거워지기는 했지만, 누가 들어도 흔히 말하는 '사탄주의자'들의 음악과는 다른 길 위에 있다. 음악을 구성하는 사운드의 조합, 창법 그리고 코드 진행, 어디를 뜯어봐도 그들과의 차이점은 너무나 명백하다. 그녀의 음악에서는 오히려 상대적으로 무거운 분위기를 유지함에도 불구하고 곳곳에서 발견되는 경쾌하고 희망적인 사운드가 더 두드러진다.

그녀의 음악을 접함에 있어서 포스트모더니즘에 대한 이해는

필수적이다. 장 프랑소와 리오타르(Jean-François Lyotard)가 말한 대로 포스트모더니즘은 거대 담론의 해체이다. 대중문화에서 포스트모더니즘은 상대성(분절화, 파편화), 대중성(대중 지향), 혼합성의 특징을 갖고 구현된다. 그녀의 음악은 특별한 맥락을 갖지 않는 중독성이 강한 후렴구가 많고, 여러 음악들이 혼합되어 있고, 또한 다의적인 기표들이 많이 나타난다. 물론 패션에서도 여러 패션들을 혼합하고 있음이 지적되고 있다.[12] 이것은 의미를 생산하기보다는 단순한 충격효과를 노리는 경향으로서 포스트모던한 대중문화예술의 특징 가운데 하나로 볼 수 있다. 또한 이것은 그녀의 음악이 어느 한쪽만으로 해석되는 것을 미연에 방지하는 전략이기도 하다. 바로 이런 점 때문에 그녀의 음악에 대한 섣부른 판단은 조심해야 한다. 뿐만 아니라 기존의 세계관에 대해 그녀가 보여 주는 비판적인 태도, 예컨대 반권위적이고 반윤리적이고 성적 소수자를 인정하지 않으려는 태도에 대한 그녀의 비판은 거대 담론, 곧 권위적이고 보편적이라고 주장되는 가치체계에 대한 비판에 해당된다.

## 3. 레이디 가가의 노랫말 분석

### 1) 동성애

#### (1) 〈Born this way〉_"Born this way"를 중심으로

레이디 가가가 이번 내한공연과 관련해서 반기독교적이라

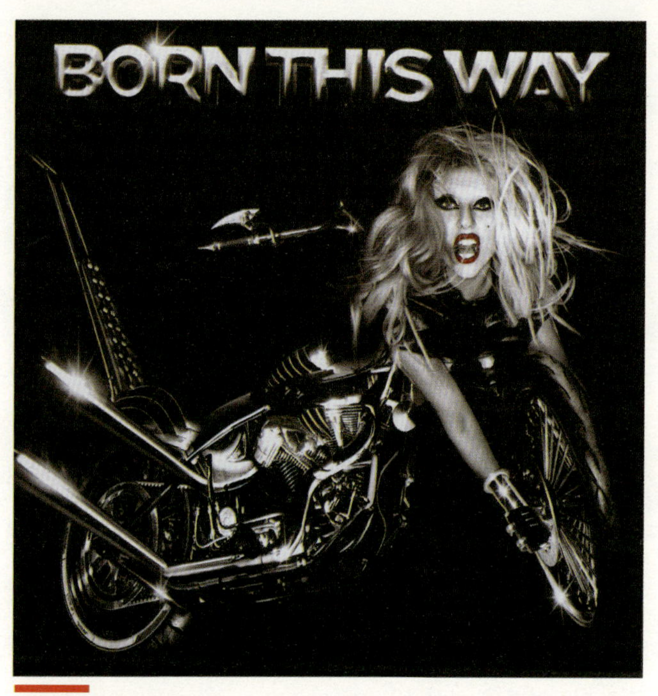

<Born this way> 앨범 표지



고 꼬집히고 있는 근거는 대체로 노랫말에서 나타난다. 관심 있게 들어본 이라면 앨범 전반에서 반기독교적이라고 지적할 만한 요소들이 있다는 것을 발견할 것이다. 특히 "Born this way"와 "Judas"가 직설적인 어조로 반기독교적인 메시지를 주장하고 있다. 앨범에 들어 있는 다른 음악들과는 다르게 중의적 해석이 불가능한 듯해 보이는 점에서 이 두 곡은 레이디 가가를 비판하기 위한 핵심적인 전거로 인용되고 있다.

하지만 이에 대한 몇몇 기독교 단체들의 비판은 노랫말에 대한 피상적인 이해에서 비롯된 감정적인 반발인 듯하다. 물론

"Born this way"가 동성애를 옹호하는 메시지를 담고 있다는 점과 "Judas"가 예수를 팔아넘긴 가룟 유다를 사랑하고 있다는 메시지를 담고 있다는 점은 명백한 사실이다. 하지만 이를 단순히 반기독교적인 것들을 찬양하고 있다고 치부하는 것은 성급한 결론이며 예술을 진지하게 대하는 태도가 아니다.

사실 동성애를 음악적인 소재로 활용한 가수들은 꽤 많다.[13] 그 중에는 우리가 이름만 들어도 알 만한 유명한 가수들도 꽤 있다. 엘튼 존, 마돈나 그리고 퀸의 프레디 머큐리까지도 자신의 음악에 동성애를 등장시킨다. 하지만 이번 레이디 가가의 경우에 기독교 단체가 특히 더 거세게 반대하는 이유는 바로 그녀가 자신의 음악에 동성애뿐만 아니라 '신(God)'도 함께 등장시키면서 창조론적인 논거를 사용하기 때문이다. 그녀는 다양한 성적 소수자들을 언급하면서, 이렇게 노래한다.

"I'm beautiful in my way, Cause God makes no mistakes. I'm on the right track, baby."

난 내 자신의 방식대로 아름다워, 왜냐면 신은 절대로 실수하지 않으시니까. 난 올바른 길을 가고 있어

그리고 이어지는 노랫말에서 다음과 같이 주장한다.

A different lover is not a sin

다른 종류의 연인이 죄는 아니야

No matter gay, straight or bi



Lesbian, transgendered life



I'm on the right track, baby



　　사회적으로 온갖 편견과 소외 속에서 살며 에이즈 바이러스 유포자로서, 심지어는 정신병자 취급까지 받는 이들에게 '넌 올바른 길을 가고 있어.'라고 응원하는 대목은 누군가에게는 가슴 뭉클하게 들릴 수도 있다. 하지만 '동성애자 또한 신이 만들었다.'는 근거로 그들을 응원하는 것은 성경을 위반하는 일임에는 분명하다.[14] 엄밀히 말해서 유전적인 요인에서 동성애를 선택하는 경우는 극히 소수이고, 대체로 사회문화적이고 심리적인 배경에서 선택하는 경우가 많기 때문이다.

　　하지만 레이디 가가를 비판하는 몇몇 기독교 단체들의 주장에는 상당한 어폐가 있다. 이들은 그녀가 동성애를 옹호하는 것을 넘어 세계 각지를 돌아다니며 동성애를 확산시키고 있다고 주장한다. 보기에 따라서 달라지긴 하겠지만, 그녀의 행적을 돌아보면 그녀는 동성애를 확산시키는 것이 아니라, 동성애자, 트랜스젠더와 같이 사회적으로 소수의 위치에 있는 이들이 침해받고 있다고 여기는 인권을 변호하고, 이들의 사회적 권리를 인정해 줄 것을 요청할 뿐이다. 그녀는 학창 시절 왕따의 피해자였다. 자신이 이미 소수자의 경험을 갖고 있다. 그리고 실제로 그녀는 미국의 한 청소년이 자살을 하자 그 직후 자신의 아팠던 경험을 토대로 청소년의 자살을 방지하기 위한 재단을 설립했다고 한다. 또한 LGBT(Lesbian, Gay, Bisexual, Transgender)와 같은 성 소수자의 권리를 주장하는 단체의 지지연설을 하고 끊임없이 소수자 커뮤니티와 교류하면서 그들이 사회적으로 온당한 권리를 획득할 수 있도록 힘쓰고 있다. 중요한 것은 그녀가 누군가에게 '동성애자가 되어 볼래?'라고 권하지는 않는다. 그리고 특히나 우리나라처럼 성적 소수자에 대한 편견과 오해가 만연한 나라에서 단순히 게이나 레즈비언의 권리를 옹호하는 노래를 몇 곡 불렀다고 해서 누군가의 성적 취향을 전향시키는 일을 기대하는 것은 굉장히 힘들다. 이미 우리 사회는 LGBT 영화제도 개최하고 있다. 물론 레이디 가가와 같은 슈퍼스타가 동성애자의 권리를 옹호하는 발언은 의식이 성숙하지 못한 청중에게 어떤 형태로든 영향력을 행사할 수 있다. 그래서 18세로 등급이 상향 조정된 것이라고 볼 수 있고 이런 조치는 선정적인 안무를 고려한다면 영화에서와 같은 등급 조정이 적절하다고 볼 수 있다. 그러나 일괄적인 비난과 무조건적인 거부는 대중의 성숙한 문화능력을 무시하는 처사로 들릴 수밖에 없다.

레이디 가가는 명백히 도발적이고 기독교의 입장과는 명백히 동성애에 대한 입장에 있어서 다르다. 하지만 이에 대처하는 기독교의 태도는 조심스러워야 하는 것이 사실이다. 동성애의 문제는 예방 차원에서 노력한다면 종교의 문제일 수 있지만, 이미 삶으로 나타난 동성애는 종교적 문제뿐만 아니라 사회적 소수자의 인권에 대한 문제이기 때문이다. 특히나 한국 사회는 사회적 소수자에 대한 관심이 점차 높아지고 있는 경향이라서 그러한 문제들을 더욱 섬세하게 다뤄야만 한다. 그렇지 않으면 기독교는 사회적 약자와 대중을 등지게 되는 사태를 피할 수 없을 것이다. 과거처럼 기독교가 게토(유대인들이 모여 살도록 규정해 놓았던 거주 지역)로 여겨지지 않으려면 대중문화에 대한 태도는 먼저 윤리적이고 사회문화적인 맥락에서 살펴볼 필요가 있다.

### (2) "Poker Face"

이 곡은 2008년 데뷔 앨범 〈The Fame〉에 수록된 곡이다. 비유가 많은 노래로 배경적인 지식은 노랫말을 이해하는 데 도움이 된다. 레이디 가가는 어느 인터뷰 중 "자신과 데이트를 했던 남자친구들에게 보내는 노래"라고 말했다. 즉 포커페이스는 자신의 감정을 남에게 보여 주지 않는다는 의미로 남자친구들과 잠자리 중 한편으로는 다른 여자를 생각했다는 내용이다. 또한 그녀는 자신이 양성애자라는 점에 대해서도 밝힌 적이 있지만 한 번도 여자와 잠자리를 같이하진 않았다고 말했다. 문제가 되는 노랫말은 다음과 같다.

I'll get him hot, show him what I've got



Can't read my



Can't read my



No he can't read on my poker face



…

I won't tell you that I love you



Kiss or hug you



Cause I'm bluffin' with my muffin



I'm not lying



위 노랫말에서 나오는 'bluffin' with my muffin'에 대한 영문 해설은 다음과 같다.

'Bluffin' with my muffin'이란 여성이 남성과 성교 중에 다른 여성을 떠올리는 것을 의미한다. 남성은 자신 때문에 흥분했다고 생각하지만, 사실 여성은 다른 여성에 대한 성적 상상 때문에 흥분한다.[15]

더 설명할 것도 없이 이것은 그녀의 양성애적인(Bisexual) 면모를 드러내는 노랫말이다.[16] 레이디 가가와 성적 소수자의 관계에 대한 의문은 그녀의 데뷔 초부터 제기되어 왔다. 한번은 그녀 스스로 게이 커뮤니티에서 예술적인 터닝 포인트를 맞았다고 밝히기도 했다.[17]

그리고 이에 대한 보수적인 기독교 단체들의 비판도 늘 따라다녔다. 하지만 그녀는 그것에 대해 크게 반응하지 않았던 것 같다. 단지 "나와 달리 저런 편협한 생각을 갖고 있다는 게 놀랍다."라고 인터뷰 도중에 잠깐 언급하는 정도였다.

### (3) "You and I"

이 곡은 레이디 가가의 전 남자친구에게서 영감을 받아 쓴 곡이다. 사랑하는 사람과 떨어졌을 때의 감정은 고문과도 같다는 착안에서 쓴 것으로 기나긴 길을 걸어 사랑하는 사람을 찾으러 간다는 내용이다. 노랫말에는 구체적으로 동성애적인 표현이 나오지 않는다. 그러나 뮤직비디오를 보면 성행위 묘사가 구체적이고 또 동성애는 몇 명의 캐릭터를 통해 드러나고 있다.

뮤직비디오는 검은 옷을 입은 레이디 가가가 뉴욕에서 걸어서 네브라스카까지 남자친구를 찾아 걸어온 장면부터 시작한다. 가가의 발을 보면 피투성이에다가 상처까지 있다. 이는 남자친구를 간절하게 만나고 싶었던 마음을 표현한 것이다.

먼저 주목할 캐릭터는 조 칼데론(Jo Calderone)이라는 남자이

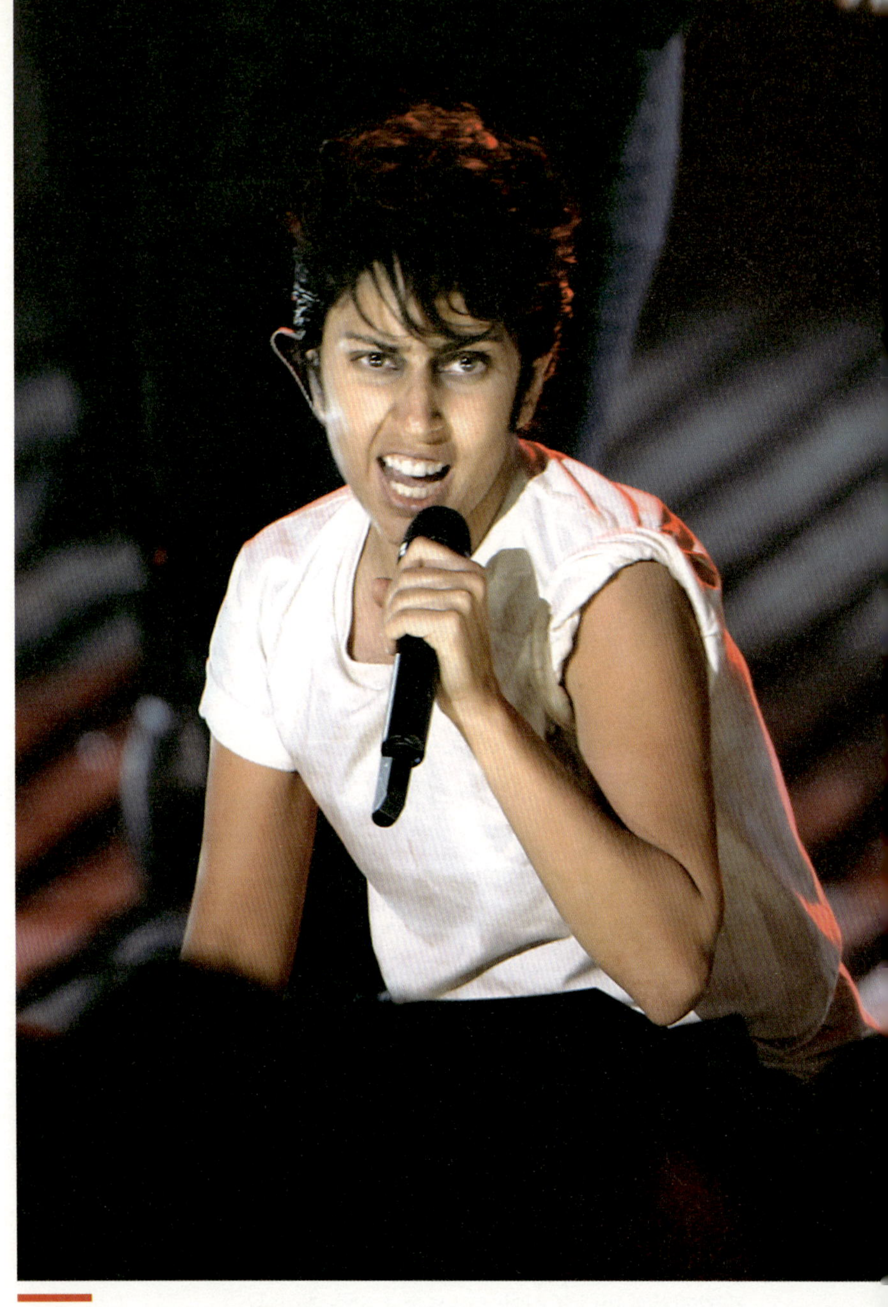



MTV 뮤직비디오 시상식 "You and I" 퍼포먼스

© 연합뉴스

다. 이 사람은 사실 남장한 레이디 가가이다. 그런데 레이디 가가에 따르면, 그는 자신의 남성 자아이다. 중간에 남장한 레이디 가가와 그녀가 키스하는 장면이 나오는데, 이것을 동성애적인 표현으로 보고 비판하는 것이다. 그러나 사실 그는 남장한 레이디 가가이기 때문에 그녀 자신과 키스하는 것으로 볼 수 있다. 레이디 가가는 얼마 전 자신의 트위터에서 '자기 자신을 사랑해야 사랑에서 원하는 걸 얻을 수 있다.'고 했는데, 어쩌면 그런 의미로도 볼 수 있다.

(4) 그 외의 노래들

앞서 언급된 곡 이외에 동성애적인 성격의 내용을 보충할 만한 음악의 노랫말은 다음과 같다.

"Americano"

"Americano"의 노랫말은 화자가 한 소녀를 사랑한다는 내용을 담고 있다. 화자가 레이디 가가 자신이라고 볼 때 이는 동성애를 소재로 한 노랫말이 된다. 이후 노래 초반부에 나오는 '우리는 사랑에 빠졌어, 하지만 법정에서는 아니었지.'라는 가사는 동성 결혼이 법적으로 허용되지 않고 있는 현실을 노래하는 것이다. 음악의 중·후반부부터 계속 반복되는 'I don't speak your Languagono, I won't speak your Jesus Cristo(난 너의 언어로 말하지 않을 거야, 난 너의 예수 그리스도를 말하지 않을 거야)'는 동성애를 용납하지 않는 이들에 대한 반항의 표현이다. '언어(Languagono)'는 동성애를 반대하는 이들의 사고를 대변하며, 반권위적인 코드다. 이에 비해 '예수 그리스도(Jesus Cristo)'는 사람들이 동성애를 용납할 수 없도록 하는 신념과 종교를 의미한다. 동성애의 합법화를 통해 성적 소수자들의 권리 향상에 힘써 왔던 레이디 가가의 강한 신념을 엿볼 수 있다.

"Hair"

"Hair"는 레이디 가가가 자신의 자아를 머리카락에 빗대어 노래한 곡이다. 자신의 정체성과 관련해 끊임없이 부모님을 포함한 어른들과 갈등해 온 그녀는 'I'm short of my identity, Why can't I be who I wanna be? I just wanna be myself and I want you to love Me for who I am(난 내 자아를 잘렸어요, 난 왜 내가 원하는 나일 수 없나요? 나는 그저 나이고 싶고 당신이 있는 그대로의 나를 사랑해 주길 바래요)'라고 노래한다. 이는 그녀가 대학으로 진학하게 되면서 부모님과 갈등했던 자신의 경험을 노래한 것이기도 하지만, 끊임없이 성적 소수자들의 성적 취향을 거세하려는 사회에 대한 간절한 요청이기도 하다.

"Bad kids"

사회적 소수자들을 위한 레이디 가가의 노래는 끊이지 않는다. "Bad kids"의 노랫말 또한 소수자들의 목소리를 대변하고 있다. 'We don't care what people say, We know the truth, I was born with my freedom, Don't tell me I'm less than my freedom(우리는 사람들이 뭐라 하든 신경 쓰지 않아, 우리는 진실을 알거든, 난 내 자유를 갖고 태어났어, 내게 내 자유보다 못하다고 말하지마)' 이 곡에서는 특히 자신들을 'bitch'나 'jerk'라고 낮게 부르는 이들에게 '그래 우린 개새끼고 멍청이다!'라고 반항하는 투의 화법을 끝까지 유지한다. 그러면서 결국 '우리 자유니까 우리가 원하는 대로 할 거야.'라고 말한다.

"Electric chapel"

"Electric chapel"이란 곡은 엄밀하게 해석될 수는 없지만, 자신의 음악적 정체성을 일종의 게토로 취급하는 것 같다. 채플이라는 기독교적인 요소를 통해 자신의 음악을 예배와 비슷한 것으로 은유하고 있는데, 이것은 반기독교적이라는 표현보다는 오히려 기독교와 자신을 편 가르기 하고 있다는 표현이 정확하다. 기독교의 예배가 신성한 것이라면, 자신의 것은 더럽고 죄악시되는 것이다. '나를 보려면 electric chapel로 와라.'라고 말함으로써 기독교적이지 않은 것들, 다시 말해 반기독교적이라는 비판의 핵심인 동성애와 같은 것들이 있는 Electric chapel로 오라고 노래하고 있다.

"The Edge of glory"

이 곡은 3집 앨범의 마지막 트랙으로, 주류에서 밀려나 구석에 몰려 있는 이들과 함께하자고 희망을 노래하는 곳이다. '우리는 혼자 있을 이유가 없어. 나와 함께 우리가 사랑에 빠질 수 있는 저 구석으로 가자.' edge라는 말은 가장자리의 의미를 갖고 있는데, 이는 사회적으로 외곽으로 밀려나 있는 사람들, 특히 성적 소수자들과 같은 사람들의 사회적 입지를 표현한다. 혹자들은 구석이라는 말을 부정적인 의미로 해석하기도 하는데, 이는 음악을 들어보지 않고 하는 피상적인 비난에 불과하다. 가사를 몰라도, 음악은 희망적인 사운드로 가득하기 때문이다.

## 2) 반기독교적이라고 주장되는 요소들

앞서 동성애와 관련해서 간헐적으로 언급했지만 레이디 가가의 노래에는 반기독교적인 코드가 있다. 비록 직접적으로 의도하지는 않았다 하더라도, 레이디 가가의 노래가 결국 반기독교적으로 이해될 수밖에 없는 이유는 아마도 그녀의 음악들이 표면적으로 '반기독교적인 요소'들을 상당히 많이 담지하고 있기 때문일 것이다. 그 중 가장 대표적인 것이 바로 '성(sex)'과 관련된 요소들이다. 특히 뮤직비디오에서 더욱 노골적으로 표현되어 있는데, 가사는 물론이고 패션과 안무는 말할 것도 없이 선정적이고 충격적이다. 패션에 관한 한 그녀는 심지어 남성에 대한 여성의 성적 해방의 아이콘이었던 마릴린 먼로와 자주 비교된다.[18] 궁금하다면 몇 편의 뮤직비디오를 한번 시청하는 것이 이해가 빠르다. 그리고 그녀는 패션만큼 자신의 노랫말에서도 성행위에 대한 노골적인 묘사를 많이 사용한다.

Let's have some fun, this beat is sick
자, 즐겨 보자. 이 비트는 식상해
I wanna take a ride on your disco stick
너의 디스코 스틱에 올라타고 싶어
…
I wanna kiss you
너에게 키스하고 파
But if I do then I might miss you, babe
하지만 내가 하고 나면 널 그리워하게 될 거야
It's complicated and stupid
복잡하고 멍청하지
Got my ass squeezed by sexy cupid
섹시한 큐피드에 사로잡혔어
Guess he wants to play, wants to play
그가 놀기를 원하는 것 같아
A love game, a love game

- 1집 "LoveGame" 노랫말 중에서

위의 예는 아주 단편적인 예이다. 이외에 가장 분명하게 드러나는 노래는 "Born this way"와 "Judas"다. 앞서 살펴보았지만, "Born this way"에서 나오는 God의 피조물로서 동성애자는 기독교가 주장하는 것과 반대되는 것이기 때문이다.

특히 문제가 되는 부분은 노랫말 첫 소절에 나오는 'It doesn't matter if you love him, or capital H-I-M'이라는 표현에서 H-I-M이 누구를 가리키느냐 하는 것이다. 앞서 나오는 'him'은 동성애자를 말할 수 있다면, 그 뒤에 나오는 'H-I-M'은 누구일까? 대문자 알파벳과 함께 우선적으로 떠오르는 HIM은 또한 유명한 핀란드 고스 메탈(Goth metal) 밴드의 이름이다. 이것은 'His Infernal Majesty'의 이니셜이다. 이 말의 의미 가운데는 사탄도 포함된다. 그런데 이런 기의와 관련해서 핀란드 고스 메탈 밴드는 자신들이 악마숭배자라는 소문이 돌자 자신들의 그룹명을 'His Infernal Majesty'에서 'HIM'으로 바꾸었다는 말이 있다. 물론 "Born this way"의 알파벳 사이에 들어 있는 하이픈은 전적으로 이런 해석을 지지하는 것을 허락지 않는다. 그러나 많은 기독교 단체들은 HIM과 H-I-M을 동일한 기의로 해석하면서 레이디 가가를 사탄주의로 몰아세우고 있다. 이런 해석이 난감한 것은, 만일 그렇다면 동성애를 사탄주의로 해석하는 것이 되는데, 그렇다면 가뜩이나 사회적으로 비난의 대상이 되고 있는 상황에서 동성애자들이 스스로 무덤을 파는 행위를 왜 하는지 의문이 든다. 이어지는 노랫말에서 알 수 있듯이, 하나님의 창조를 말하고 있는 문맥에서 H-I-M을 사탄으로 지칭한다고 단정 짓기는 어렵다.

"Judas"는 더욱 노골적으로 표현되어 있다. 그러나 겉보기에 부정적으로 보이는 "Judas"의 노랫말에서 간과하기 쉬운 부분이

있다. 음악의 브릿지(bridge) 1, 2부분에서 등장하는 노랫말이 바로
그 부분이다.

I've learned our love is like a brick
난 우리의 사랑이 벽돌과 같다는 것을 배웠어
Build a house or sink a dead body
집을 짓거나 죽은 사람을 물에 가라앉힐 수 있지
…
In the most Biblical sense, I am beyond repentance
성경적으로 보면, 난 회개할 수 있는 수준을 넘어섰어
Fame hooker prostitute wench vomits her mind
창녀, 몸 파는 여자, 미친 여자
But in the cultural sense, I just speak in future tense
하지만 문화적으로 보면 난 그저 미래적인 것을 얘기할 뿐이야

앨범에 새겨진 십자가 모형이나 시종일관 유다와 사랑에 빠졌
다는 둥, 왕관 없는 왕을 끌어내려야 한다는 등의 말은 명백히 반
기독교적인 의미로 독해될 수밖에 없는 기표다. 그런데 뜬금없이
튀어나오는 위의 노랫말은 "Judas"라는 음악을 이해하는 데 핵
심적인 역할을 한다. 여기서 레이디 가가는 존재의 양면성에 대
해서 얘기하고 있다. 우리는 벽돌로 집을 지을 수도 있고, 죽은
몸뚱이를 물속에 가라앉힐 수도 있다. 그리고 그녀는 성경에 비
친 자신의 모습 또한 이와 같이 양면적이라고 말한다. 성경적으
로 보자면 자기는 이미 회개할 수도 없는 지경에 이르렀을 수도

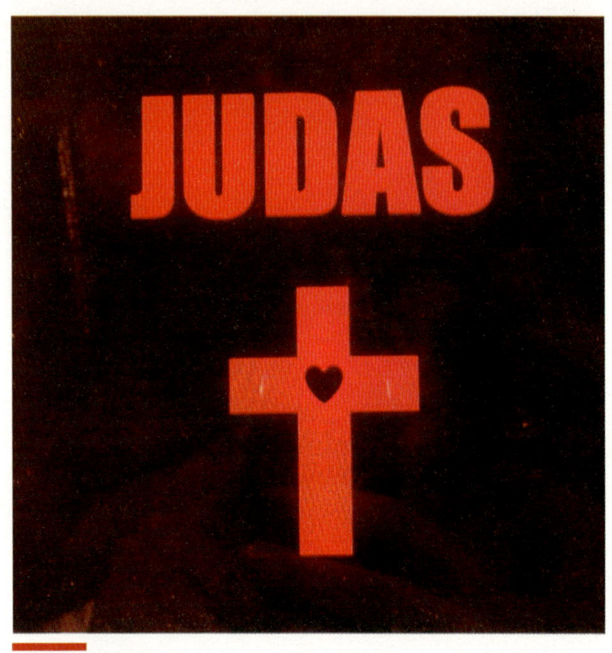

〈Judas〉 싱글 자켓



있다. 하지만 다른 관점에서 본다면 이는 단지 조금 시대를 앞서 가는 것일 뿐이다. 즉 이는 그녀를 향한 기독교 단체들의 원색적인 비난에 대한 일종의 변호인 셈이다. 그리고 자기를 향한 기독교의 비난을 노래의 전면에 내세우기 위해 자기 스스로를 예수가 아닌 그 반대급부, 즉 유다의 편에 세운 것이다. 따라서 그녀가 끊임없이 '난 유다를 사랑해, 난 유다에게 꽂혔어.'라고 노래하는 것은 유다를 향한 사랑의 표현이라기보다는 기독교와 정신적인 대립각을 세우고 있다는 것에 대한 상징적인 표현이다. 이것은 결론 부분에서 언급될 것이지만, 그동안 레이디 가가의 노래가 기독교 단체들로부터 반기독교적, 사탄주의적이라고 비난받은 것에서 유래한다. 본인 스스로도 그것을 의식하고 있다고 여겨지는데, 이러한 반감이 레이디 가가로 하여금 중의적인 의미의 노랫말로 자신의 의사를 표출하게 만든 것으로 보인다. 쉽게 말해서 자신을 변호하는 것으로 단지 자신은 문화적으로 미래의 것을 말한 것뿐임을 말한 것으로 보인다.

이 외에도 "Just dance", "Poker face", "Bad romance" 등의 노랫말에 성행위에 대한 은유적이고 직접적인 묘사들이 등장한다. 하지만 성행위 자체는 우선적으로 윤리적이고 사회문화적이고 정치적인 문제이지 그것을 반기독교적이라고 단언할 수는 없다. 이미 대중문화의 영화나 뮤직비디오에서 일상적인 표현에 해당된다. 그럼에도 불구하고 그녀의 음악 속에서 이것들이 반기독교적이라고 판단되는 이유가 있다면, 아마도 그것은 노랫말 속에서 묘사되는 성적인 대목들이 모두 정신적으로 공황 상태에 있는, 흔히 방탕하고 문란하다고 표현하는 바로 그런 맥락에 놓여 있기 때문이다. 노랫말에 나타나는 성적인 묘사는 EP 앨범 〈The fame monster〉에 와서 상당히 감소한다. 그 대신 음악활동을 하면서 느꼈던 감정들을 토대로 한 자전적인 노랫말들이 많다. 국내 심의에 의해 미성년자 청취불가판정을 받은 곡들은 여전히 많지만 성적인 묘사 대신 다른 요소들, 가령 흡연이나 음주, 마약을 암시하는 노랫말 등이 그 원인이다.

## 4. 나가면서

이렇듯 종합적으로 따져 봤을 때, 그녀의 음악은 동성애를 옹호하고 사회에 대한 반권위적인 표현이 분명하게 드러나고 있다. 이런 상황에서 다음과 같은 질문은 불가피하다.

도대체 반기독교적이란 무엇을 가리키는 것인가? 사전적인 의미에서 반기독교적이란 기독교의 교리와 신념 그리고 기독교인을 비난하는 태도와 입장을 말한다. 비윤리적인 것과 반권위적인 것은 직접적으로 기독교를 비난하는 것인가? 그것은 먼저 사회문화 정치적인 맥락에서 그리고 윤리적인 관점에서 이해되고 해결되어야 할 문제는 아닌가? 기독교는 왜 이런 문제에 대해서 기독교적인 것을 강조하는가?

물론 행위 자체와 행위를 옹호하거나 조장하는 행위는 구별되어야 한다. 행위 자체를 반 기독교적이라 판단할 수는 없다 해도, 행위를 옹호하거나 조장하는 것은 반기독교적으로 이해될 수 있다. 왜냐하면 기독교는 단순히 거룩함의 영역에만 머물러 있지 않고 세상에서 거룩함을 추구하고 또 사람들로 하여금 거룩함을 추구하도록 독려하기 때문이다. 만일 거룩함에 반대되는 행위를 옹호한다면 거룩함을 추구하는 반대세력으로서 여겨지기 때문이다. 기독교 단체의 반대는 이런 맥락에서 이해된다.

레이디 가가의 노랫말과 영상에는 기독교적으로 지양해야 할 세상의 모습들을 옹호하는 표현이 다분히 많이 포함하고 있다.

그것은 사실을 기술하는 것이 아니다. 비록 조장한다고 말할 수는 없어도 옹호하는 것은 분명하다. 그렇다고 해도 기독교 자체에 대한 직접적인 부정으로 단정 짓기가 쉽지 않은 것은 아닌가? 만일 표현적인 면에만 제한해서 판단하려고 한다면, 오히려 예술에 대한 천박한 이해로 역공을 당하지 않을까? 비록 두 번째 정규 앨범 〈Born this way〉에 와서는 반기독교적인 표현들과 상징들이 전면에 등장하고 있고, 또 창조신학을 들먹이며 동성애자들의 삶과 권리를 인정하는 노랫말은 물론, 의상과 뮤직비디오 그리고 뮤직비디오에 등장하는 기호들까지[19] 전부 다 기독교를 직접적으로 부정하기 위한 의도가 명백한 것들로 가득하다 하더라도, 굳이 그것을 '반기독교적'이라고 단언하기에는 노랫말이 너무 중의적이고 또 일관적인 의미 생산을 위해 노력을 기울였다기보다는 충격적인 효과를 노리는 표현들이 많다. 게다가 현대 대중문화에 흔히 사용되는 코드일 뿐이다. 음악이라는 것이 영향력이나 충격의 효과를 더욱 증폭시킬 수 있고, 청소년들이 쉽게 접하게 될 경우 부정적인 영향력이 없지 않은 부분이 있다 할지라도 그것을 반기독교적이라고 비난할 이유는 그렇게 많지 않다. 그럼에도 불구하고 그녀의 음악과 뮤직비디오에서 등장하는 동성애 옹호적이고 반권위적인 태도를 주장하는 것에 대해 영상문화비평 및 음악비평적인 자세로 대할 필요는 있다.

그녀가 동성애자들과 맺고 있던 유대관계와 동성애적인 요소들에 대한 계속적인 비난이[20] 그녀 속에서 어떤 행동을 하도록 만든 것 같다. 그래서 결국 동성애를 교리적으로 금지하는 기독교(미국 사회에서 기독교는 많은 면에서 지배하고 군림하는 권력을 상징)가 타겟이 되어 〈Born This Way〉에 와서 동성애를 옹호하면서 동시에 기독교에 대한 비난조를 보인 것으로 생각된다. 대중문화의 상상력은 저항을 기본으로 하기 때문이다. 기존 세력에 대한 저항은 대중문화가 추구하는 본질적인 측면이다. 따라서 대중문화에 대해 기독교가 권위를 주장하고 하나의 세력으로 등장하면 반기독교적인 코드가 대중문화에 등장한다는 것은 당연한 일이다. 한국 기독교가 비록 동성애에 대해 강한 반대의 입장을 보이고 있지만, 그렇다고 하더라도 동성애 문제에 대해 인권적인 측면에서 생각할 수 있는 배려도 필요하지는 않을까?

현대 대중문화에서 행위예술과 패션을 동반한 레이디 가가의 음악은 무엇을 의미하는가? 무엇보다 그녀의 행위예술적인 안무와 화려하고 충격적이며 도발적인 비주얼을 내세운 패션은 이 시대가 영상문화시대임을 단적으로 말해 준다. 특히 그녀의 뮤직비디오는 수많은 상징들로 가득 차서 열광적인 팬들조차도 쉽게 이해할 수 없을 정도다. 단순히 시각효과만을 내세운 것이 아니라는 지적도 있었지만, 영상을 통한 메시지 전달에 매우 신중한 노력을 기울이고 있음을 알 수 있다. 관객은 그저 볼 뿐이지만 사실은 영상에 압도되어 영상에 숨겨져 있는 메시지에 쉽게 설득당할 수 있다.

그러므로 레이디 가가의 음악은 기독교에게 몇 가지 과제를 안겨 준다.

첫째는 대중문화에 대한 바른 이해이다. 대중문화의 본질은 의미를 생산하기보다는 청중 혹은 관객의 입장에서 의미를 체험 혹은 경험하는 데에 있기 때문에 단지 표현에 천착하여 감정적인 반응을 보이기보다는, 먼저 학자들을 통해 정치, 사회, 윤리, 문화적인 맥락에서 종합적으로 이해할 수 있는 기회를 주고 그들의 연구 결과에 따라 기독교적으로 반응하는 자세가 필요하다.

둘째, 동성애 문화에 무조건 반대하기보다는 그들이 정상적인 이성애 관계를 회복할 수 있도록 돕는 센터와 기금을 마련하고, 청소년들에게 이성애의 아름다움을 설득하며 확산시킬 수 있는 문화 공간을 마련하고 콘텐츠를 개발하는 것이다. 대안이 없는 비판은 오히려 불필요한 반기독교적인 세력만을 양산할 뿐이다.

셋째, 대중문화는 자신들의 의지를 관철시킬 수만 있다면 언제든지 또 무엇이든 사용하는 경향이 있다. 기독교가 다수의 형태로 존재하는 국가일수록 기독교 상징은 흔히 사용된다. 일종의 남용이나 오용의 사례는 불가피하다. 그러나 기독교 상징들의 남용과 오용에 대한 경계는 기독교 안에서 먼저 일어나야 한다. '하나님'을 하나의 코드로 사용하면서 이름을 남용하는 사례는 교회 안에서 더욱 많이 볼 수 있기 때문이다. 교회의 행위를 원활하게 수행하기 위해, 혹은 목회자가 자신의 생각과 의지를 관철시키기 위해 성경이 자의적으로 해석되고 기독교 상징들이 남용되고 있다. 대중문화에서 사용되는 것들에 대한 비판적인 검토는 필요하지만, 그것으로 대중문화 자체를 반기독교적이라고 비판하는 자세는 삼가야 한다. 포스트모던 문화는 자신을 돋보일 수 있는 모든 것을 사용하는 것을 당연시하기 때문이다. 오히려 대중문화 속 기독교가 어떤 이미지로 표현되고 이해되는가를 살펴서 지나치다면 비판해야 하지만, 무엇보다 기독교가 스스로를 돌아보는 기회로 삼는 것이 바람직하다. 다른 한편으로는 기독교 상징들을 건전하게 사용하는 대중문화 콘텐츠를 생산하는 활동을 적극적으로 추진하고 또 지원해야 한다.

넷째, 기독교 시위문화를 개선해야 한다. 인터넷에 떠도는 영상에서 레이디 가가는 공연장 밖에서 만났던 기독교인들의 저항을 공연장 안에서 보고하는데, 같은 기독교인으로서 몸 둘 바를 모를 정도였다. 레이디 가가 문제뿐만 아니라 일반적인 대중문화나 반기독교적인 세력에 대한 시위문화는 대체로 감정적이고 세력화하는 경향이 있다. 대중문화 자체가 기존 세력을 반대하는 측면을 본질적으로 갖기 때문에 이렇게 되면 기독교 스스로가 불필요하게 반기독교 세력을 양산하는 결과를 빚게 된다. 그러므로 학문적이고 대중문화적인 관점에서 비판하고 대안을 제시하면서 차분하게 시위하는 문화를 정착시켜야 한다.

마지막으로 영상문화시대에 영상을 바르게 이해하는 능력을 향상시켜야 한다. 뮤직비디오는 공연 실황을 담는 것이 아니다. 과거에는 노랫말을 이미지로 표현했지만, 최근에는 전혀 무관한 영상으로 가득하다. 그래서 노랫말에 연연하지 않아도 볼 수 있는, 혹은 노래를 들으면서 연상될 수 있는 영상들을 사용하는데, 매우 선정적이고 폭력적인 장면들이 많다. 니이체는 '우상의 황혼'에서 인간으로서 학습해야 할 것으로 제대로 보는 것을 배워야 하고, 제대로 생각하는 것을 배워야 하며, 제대로 읽고 쓸 수 있는 법을 배워야 한다고 세 가지를 언급하고 있다. 이것들은 고상한 문화를 생산하는 데 크게 기여한다. 제대로 보는 법은 영상교육을 통해 가능하며, 학생부터 성인에 이르기까지 영상을 제대로 이해할 수 있도록 능력을 개발할 필요가 있다. 이는 간접적으로 영화를 통해 가능하다.

**최성수**
서강대 철학과를 졸업하고 독일 본대학교 신학석사, 신학박사(조직신학) 학위를 받았다. 목사, 영화평론가, 한국기독공보와 문화선교연구원 칼럼니스트이며 교사교육 전문강사이다. 또한 현재 장신대와 대전신대에 출강 중이다.

1) 밴드의 이름과 같은 리더인 마릴린 맨슨은 섹스 심벌인 영화배우 마릴린 먼로(Marilyn Monroe)와 여러 명을 집단 학살한 희대의 살인마 찰스 맨슨(Charles Manson)의 이름을 조합한 것이다. 본명은 브라이언 휴 워너(Brian Hugh Warner)이다. 밴드명과 같아 미스터 맨슨(Mr. Manson)을 쓰기도 한다.(네이버 지식사전)

2) http://www.newsen.com/news_view.php?uid=200808141129561002 (한글 기사)

3) 첫 번째 앨범은 2008년 〈The Fame〉이고, 이후에 리패키지 형식의 EP 음반 〈The Fame Monster〉가 2009년에 발매되었다. 그리고 2011년 5월에는 〈Born This Way〉를 발매하였다. 세계 여러 주요 차트에서 상위권에 올랐던 음악은 "Just Dance", "Poker Face", "Bad Romance", "Telephone", "Alejandro", "Born This Way", "Judas", "The Edge of Glory" 등이다.

4) 검은색 옷을 입고 흰색과 검은색으로 화장을 하는 스타일로 세상의 종말, 죽음, 악에 대한 이미지를 구현한다.

5) 멋지고 매력적인 자태를 드러내는 의상 스타일.

6) 성적 쾌감을 위해 폭력을 휘두르며 성행위를 주도하는 여자를 의미한다. 징이 많이 박힌 가죽옷과 찢어진 옷과 같은 의상 스타일.

7) 양성애적인 느낌을 주는 스타일이다. 유니섹스 코드로 나타났다.

8) 제3세계의 가난하고 못 배운 사람들이 즐기는 저급한 악취향의 문화를 가리키는데, 쉽게 표현하자면, 배우지 못한 거리의 부랑자들에게나 어울리는 천박한 모습을 자아내고, 고상하거나 세련된 것과 조화할 수 없는

의상 스타일이다. 예컨대 가죽 재킷에 발자국을 내고, 의도적으로 타이 츠에 구멍을 내는가 하면, 얌전한 교복에 징을 박는다. 종종 거친 헤어와 메이크업을 동반한 모습 때문에 혐오감을 불러일으킬 정도인데, 지금도 꾸준히 리바이벌되고 있는 펑키나 고스 스타일과 크게 다르지 않다.

9) 최원석, 한기창, "영상미디어에 등장한 레이디 가가의 패션 스타일 분석과 패션 이미지 연구 - 하위문화 형성을 중심으로", 「한국디자인문화학회지」 Vol. 17, No. 4(2011, 12월), 644-659, 646.

10) 헤비메탈의 하위장르로서 80년대 후반에 모습을 드러내었다. 특징은 그로울링 등의 보컬, 디스토션이 잔뜩 걸린 거칠고 무거운 기타 연주, 파워풀한 투 베이스 드러밍이고 대부분 과격하고 극악한 사운드를 표현한다.

11) 어두운 느낌을 자아내는 코드, 밝은 느낌을 주는 메이저 코드와 대조적이다.

12) 최원석, 한기창, "영상미디어에 등장한 레이디 가가의 패션 스타일 분석과 패션 이미지 연구-하위문화 형성을 중심으로", 657. "레이디 가가의 패션 이미지는 단지 충격적인 시각적 자극의 관점이 아니라 내적인 관점과 개념을 자신의 패션 스타일을 통해 담고 표출하여 형성된 혼합 이미지라 할 수 있겠다."

13) 최성수, "한국의 대중문화 속 동성애", 「목회와 신학」 (2011년 1월), 166-174 참조.

14) 마 19:11-12에서 예수님은 나면서부터 고자된 자들을 언급하시는데, 12절의 영어본문(NIV)을 보면 "For some are eunuchs because they were born that way; others were made that way by men; and others have renounced marriage because of the kingdom of heaven. The one who can accept this should accept it." "Born this way"는 바로 이런 표현을 패러디한 것으로 보인다.

15) 'Bluffin' with my muffin' means that while a woman is having sex with a guy, she is thinking sexually of a woman. The guy thinks the woman is aroused by him, but she's really aroused by her sexual thoughts of a woman.

16) "Poker Face"에 대한 인터뷰 내용

17) "I've dated a lot of guys that are really into sex and booze and gambling so I wanted to write a record that my boyfriends would

like," Gaga added. "But something I don't really talk about is if you listen to the chorus I say 'he's got me like nobody' then 'she's got me like nobody.' It's got an undertone of confusion about love and sex …"

18) 출처_ Fox News: http://www.foxnews.com/story/0,2933,521190,00. html (2009년 5월 22일)

19) 정규 2집 타이틀 곡 "Born this way" 뮤직비디오 참고.

20) http://www.youtube.com/watch?v=cjo309kZZMo (유튜브 영상)

# 03

# 레이디 가가,
# 죽음의 춤을 추어라
- 마더 몬스터의 구원과 엽기적 상상력에 관하여

## 1. 머리말

"레이디 가가는 기독교를 비하하고 기독교인들을 조소하며 같이 지옥으로 가자고 합니다. … 세계적으로 날리고 있는 가수라 그녀는 가는 곳마다 동성애 합법화를 외치며 공연하고 있고, 그녀가 가는 국가마다 영향을 끼치게 되어 동성애를 허용하는 법안이 통과되곤 했습니다. 이 땅의 많은 청소년들이 에이즈를 형성케 하는 타락된 길로 빠지게 될 것이며, … 한반도에 악령을 풀어놓아 점령할 계획이며, 어둠의 일들이 가속화될 것입니다. 이에 대한 한국 교회와 성도들의 대응과 기도가 필요합니다. 국민들이 붉은악마로 응원한 것도 아직 뉘우치지도 않았는데 이 상태에서 사탄을 숭배하는 의식이 가해진다면, 하나님의 진노를 더욱 앞당기게 될 것입니다. 절대로 대한민국의 성스러운 땅에 레이디 가가가 발을 들여놓지 않게 깨어서 마음 모아 기도합시다."

현대카드 불매운동을 외치면서 레이디 가가 내한 반대운동

또는 봉쇄운동을 시작한 보수 기독교 단체들이 적어도 20명 이상에게 추가로 전송해 달라면서 돌린 문자메시지의 일부이다. 이들에게 레이디 가가의 방한은 '2002년 붉은악마 사태' 이후 가장 강력하고 거대한 영적 공격으로 인지되고 있으며, '성스러운 한반도'에 타락한 암흑세력이 교활하게 침투하려는 시도로 간주되고 있다. 과연 가가의 방한을 막지 못한다면, 이 땅에 대한 하나님의 진노가 앞당겨질까?

과대확신과 과소근거가 얽힌 이토록 심오한 4차원적 영성에 대하여 우리는 왈가왈부할 의지가 없다. 대신에 우리는 2008년 데뷔 이후 동시대의 가장 강력한 팝 아이콘이자 글로벌문화 게릴라로 빠르게 성장한 레이디 가가의 '작업' 자체에 관심을 기울여보고자 한다. 다시 말해 우리는 대중음악계의 가장 전위적인 캐릭터로서, 최고의 상상력을 자랑하는 패셔니스타로서, 두루 인정받는 싱어송라이터로서 그리고 무엇보다도 동시대의 '핫'한 행위예술가로서 레이디 가가의 '복합적인 실험'에 대한 나름의 사회미학적 분석과 평가를 실행하고자 한다. 결론을 선취하자면, 레이디 가가는 '천재'이다. 이 논변에 대한 핵심적인 증거들을 제시하기 위해 우리는 다각적인 추적과 발굴을 시도하려고 하는데, 그녀가 과연 사탄인지 천재인지에 대한 판단은 이 짧은 여행이 끝난 뒤에 여러분 스스로 내릴 수 있게 될 것이다.

## 2. 두렵게 하는 몬스터, 아니면 두려워하는 몬스터?

장문의 문자메시지가 아주 잘 드러내듯이, 레이디 가가를 두려워하는 사람들이 주목하는 것은 인간 삶의 어두운 부분, 가령 범죄·폭력·광기·도착·강박적 욕망에 집착하는 듯 보이는 그녀의 이미지이다. 이런 이미지는 하나의 경계 안에 가둘 수 없기에 더럽고 위험해 보이고, 나아가서는 파멸, 혼란, 불안, 종국에는 자연스레 죽음을 환기시킨다.

여기서 마땅히 제기되는 의문은 이것이다. 도대체 현대인들은 왜 그토록 '사악한' 그녀에게 열광하는 것일까? 가가의 방한을 십여 일 앞두고 있는 2012년 4월 15일 현재, 유튜브에서 가가의 "Bad Romance" 뮤직비디오는 4억 5,900만이 넘는 조회 수를 기록했으며, "Poker Face", "Alejandro", "Just Dance", "Telephone", "Judas" 도 억 단위의 조회 수를 기록하면서 세계에서 가장 인기 있는 뮤직비디오로 자리 잡았다. 공식 뮤직비디오 하나의 조회 수가 저 정도에 이른다고 하면, 각각의 비디오들이 실제로 미치는 영향력은 훨씬 더 크다고 하겠다. 요즘처럼 나이보다 어린 얼굴, 이른바 동안(童顔)을 강조하며 생기발랄한 생의 에너지를 찬양하는 시점에서, 왜 하필이면 '죽음'을 파는 그녀란 말인가? 허연 얼굴에 검붉은 입술, 흡사 팬더 눈에 가까운 짙은 마스카라와 두꺼운 화장, 매력적인 금발이라기보다는 과산화수소로 물들인 듯한 '싼티' 나는 헤어스타일의 레이디 가가는 사실 아름답기는커녕 기괴하고, 때론 역겨운 모습으로 스스로를 의도적으로 연출해 왔다. 그런 그녀가 일부의 증오와 혐오를 간단히 누르고, 저토록 막강한 대중적 영향력을 얻게 된 이유는 무엇일까?

이 지점에서 행위예술가 레이디 가가와는 구별되는 자연인 스테파니 저마노타에 대한 이해가 요청된다. 청소년 시절 스테파니가 학교에서 겪었던 일련의 경험이 레이디 가가의 정체성, 즉 자신을 '마더 몬스터(Mother Monster)'로 규정하고 자신의 팬들을 '리틀 몬스터(Little Monster)'라고 호명하는 독특한 재현체계(representation system)에 결정적인 영향을 미친 것으로 보이기 때문이다. 가가의 인터뷰에 귀를 기울여 보자.

> 어느 날인가 체육 수업에 갔던 것을 기억하는데, 그날 제 로커 주변은 갖가지 욕설로 거의 도배되어 있다시피 했어요. 오직 내 로커만 말이에요. 그 욕설들은 나의 성적인 지향으로부터 인종, 종교 그리고 사회적 지위에 이르기까지, 그야말로 가장 살벌하고 끔찍한 말들로 이루어져 있었습니다. 물론 그것들은 후벼 파고 상처를 주지요. 그래서 저는 집으로 돌아갔고 흐느껴 울 수밖에 없었어요. 다시는 학교에 가고 싶지 않았죠.
>
> 남자애들이 저를 찍어가지고는, 길거리에 있는 커다란 휴지통 속에 내동댕이쳤다니까요. 그 휴지통은 우리 집 블록의 구석에 있었는데, 다른 여자애들이 학교를 마치고 집에 돌아가는 길에 제가 휴지통에 처박혀 있는 것을 다 보았어요.… 모두 박장대소를 했고, 저 역시 웃을 수밖에 없었지요. 왜 그 소심하게 낄낄대는 것 있잖아요. … 제가 기억하는 것은 한 여자애가 저를 쳐다보던 눈빛이에요. 마치 저를 향해서 '너 이제 막 울 거지? 너는 정말 처량할 정도로 한심하구나.'

라고 말하는 것 같았거든요. 그게 제가 받은 느낌이었어요. You are
pathetic.

저는 지나치게 도발적이라거나 아니면 지나치게 엉뚱하다는 이유로
종종 놀림을 받았습니다. 그래서 수위를 줄이기 시작했지요. 저는
잘 들어맞지가 않았던 것 같아요. 그래서 저는 스스로를 괴짜(freak)
라고 느꼈어요.


위의 증언에서 엿볼 수 있듯이, 스테파니는 자신이 다니던 가
톨릭 학교에서 몇 가지 충격적인 경험을 하였으며, 그것이 일종의
'트라우마'로 발전되면서 자기통제적인 방어기제의 형성으로 이
어졌다. 체육시간에 로커에 적혀 있던 수많은 욕설이 준 충격, 휴
지통 속에 처박힌 것보다 더 아프고 강렬하게 남아 있는 한 친구
의 경멸스런 눈빛 그리고 또래 집단에 잘 녹아들지 못하면서 형
성된 괴짜 또는 변종이라는 자기 정체성 등은 훗날 레이디 가가
의 가장 중심적인 모티브로 발전하게 된다. 그녀의 퍼포먼스에서
보이는 그로테스크한 복장과 안무 등은 친구들의 시선이 두려워
서 '수위를 줄여야만' 했던 굴욕적인 경험을 극복하고자 하는 몸
부림, 심지어는 소명의식의 발로로까지 읽힐 수 있으며, 자신을
엄마의 자리에 세우고 '리틀 몬스터'들을 향해 '여러분은 이렇게
태어났어요(Born This Way). 저도 그래요. 그래도 우린 괜찮지 않나
요?'라고 외치는 말짓과 몸짓은 우리 사회의 마이너리티들을 향
한 '복음전파'라고 보아도 크게 무리가 없다.

겉으로는 차갑고 기묘하고 잔혹하고 반인간적으로 보이기까지 하지만, 사실 그러한 퍼포먼스의 이면에는 연약하고 상처받고 소외받은 자들을 향해 손을 내밀고, 보듬고, 격려하려는 인간적인 의도가 짙게 배어 있는 셈이다. 강조할 것은 그것은 결코 위에서부터 아래로 내려진 거만한 손이 아니라는 점이다. 그것이 자신의 아픈 경험과 그 과정에서 치열하게 구성되어 온 정체성을 경유하여, 현재 고통을 겪고 있는 이들의 바로 옆에서 함께 호흡하며, 등을 감싸 주는 그런 손, 감각적이고 포근하고 수평적인 그런 손길이다. 이와 같은 외양과 내면의 불일치, 잔혹함과 따스함의 공존, 세계적인 슈퍼스타의 아우라와 그로부터 분리되지 않는 왕따, 괴짜의 그늘, 바로 이로부터 레이디 가가의 간단치 않은 매력이 발생하는 것이다.

우리는 일차원적이지 않은 이러한 복합성이 그녀의 예술적 영감의 가장 중요한 원천이자, 세대와 지역을 초월하여 광범위하게 확산되고 있는 가가의 팬 베이스를 설명하는 가장 핵심적인 요인이라고 믿는다. 즉 효율성이란 단일한 가치 아래 개인 간의 경쟁을 지고지선의 목표로 삼고 스스로를 억압하는 데 익숙해진 현대인들에게 디오니소스적인 감성을 다시 불러일으키면서 잃어버린 자신을 발견하라는 메시지, 혹은 실패자로서 스스로를 규정하면서 무력하게 살아가고 있는 과반수의 괴짜들에게 '그래도 괜찮다.'는 위로의 메시지를 쉼 없이 전파하는 기기묘묘한 형상의 여전사! 이 여신은 아래와 같이 큰 소리로 외친다.

그들은 나를 겁줄 수 없어요, 내가 먼저 그들을 겁준다면 말이죠.

아침에 일어날 때면 저는 여타의 24세 여자애들이 그렇듯이 불안정한 느낌을 받아요. 그럴 때면 저는 스스로에게 이렇게 말하죠. '이년아, 넌 레이디 가가야. 이제 일어나서 오늘 가야 할 길을 걸어가야지.

살다 보면 때때로, 여러분들은 승자처럼 느끼지 못할 때가 있을 거예요. 하지만 그것이 여러분이 승자가 아니라는 말은 아니잖아요. 여러분은 정말로 자기 자신처럼 되길 원하시죠. 저는 그것이 괜찮다라는 사실을 제 팬들 모두가 알았으면 좋겠어요.

종국에 가서는, 여러분들은 결코 행복할 수 없답니다. 여러분들이 스스로를 사랑하게 될 때까지는 말이에요.

우리가 가가를 천재라고 부른 이유 중 하나가 밝혀졌다. 괴짜로서 받은 왕따의 기억과 경험에 굴복하는 대신에, 그것을 자신의 예술적 창조의 원천으로 사용하는 것! 즉 과거의 트라우마를 어둠 속에 숨기는 대신 그것을 자신의 감성과 오성과 이성을 총동원한 결과물로서 매우 독특한 작업과 작품을 매개로 지속적으로 표면화하고, 이를 통해서 여전히 자신의 것과 유사한 경험으로 상처받고 있는 사람들에게 그것이 당신 자신의 결함 때문에 생겨난 것만은 아니라는 것, 따라서 Monster로서 혹은 Freak으로서 자기 자신을 그대로 인정하고 그 안에서 자족하고 즐거워하자고 격려하는 것!

이 어찌 한 인간의 자기 발견 또는 자아실현의 플롯이 어떻게 현실화되고 확장될 수 있는지를 보여 주는 가장 드라마틱한 사례 중 하나가 아니겠는가? '겁 많은' 스테파니의 경험에서 시작했지만, 이제는 경멸적인 시선으로 괴짜들에게 '정상화'를 강요하는 자들을 도리어 '겁주는' 레이디 가가로의 이행! 이는 우리에게 익숙한 인식론적·존재론적 충격과 변화의 계기로써 '구원'과도 유사한 체험이라고 할 수 있으리라.

저는 아주 레이디 가가의 뮤직비디오만 보면, 아주 소름 끼칩니다. 너무 성적이고 잔인하고 역겹습니다.

'리틀 몬스터'가 아니라 정상인을 꿈꾸는 한 네티즌의 솔직한 고백이다. 허나 그토록 두렵게 하는 몬스터가 실은 과거 수많은 정상인들의 정죄 속에서 두려움에 떨던 괴물이었으며, 그로부터 비롯된 상처와 혼돈, 자학과 충격의 모티브가 오늘날 그녀의 퍼포먼스의 핵심 주제를 형성하고 있음을 기억한다면, 그 역겨움이 실은 정상인들 스스로가 기획하고 실행했던 잔혹한 폭력의 직접적인 결과물임을 부인하기란 무척 어려운 일이 된다.

이처럼 20대 중반의 스테파니가 간증하고 있는 '몬스터의 구원 내러티브'는 가가의 천재성의 근원에 관해서 중요한 힌트를 제공해 준다. 하지만 그것이 왜 그녀가 오늘날 대중음악계에서, 아니 (흔한 이분법을 사용하자면) 대중예술과 순수예술, 저급예술과 고급예술의 경계를 가로질러, 동시대 문화 전반에서 가장 뜨거운 아이콘 중 하나가 되었는가를 모두 설명해 주는 것은 아니다. 불우한 환경이나 고통스러운 경험을 극복하고 고도의 성취를 일구어 낸 예술가는 예나 지금이나 차고도 넘치기 때문이다.

그렇다면 이제 괴짜로서 그녀가 구축해 온 천재성이 어떤 점에서 독특성을 띠는지에 관한 미학적 판단에 관심을 기울여 볼 시간이다. 가가의 실로 다양한 문화적 원천을 답사하기 위해 우선 중세 말기로 거슬러 올라가 보자.


### 3. 가가의 '고딕': 거세된 몸짓인가, 새로운 대중음악의 신호탄인가?

'고딕(Gothic)'이라는 용어는 A.D. 5세기 로마 문명을 몰락시킨 북유럽 민족을 지칭하지만, 오늘날 고딕이라는 말을 쓰면서 5세기 고트족(Goth)을 가리키는 경우는 드물다. 그보다는 이 유목민족이 인류 역사상 가장 위대한 문명 가운데 하나인 로마 문명을 무참히 짓밟았다는 사실로부터, '고딕'은 서구사상사에서 이성의 철저한 전복을 지칭해 온 뿌리 깊은 역사를 지녀 왔다. 그리고서 21세기로의 전환을 즈음한 수십 년 사이, 또다시 고딕 열풍이 불어닥쳤다. 새천년을 목전에 두고 '고딕'이라는 키워드가 대중문화와 학문분야 모두에서 일제히 부각되기 시작한 것이다. 고딕문화는 때로는 '팽 드 시에클', 즉 세기말적인 현상으로 간주되거나 때로는 '팽 드 밀레니움', 즉 천년기의 종말이 오면 정점에 달할 수밖에 없는 현상으로 지목되면서, 패션이나 연예오락계를 막론하고 뜨거운 주목을 받았다. 많은 이론가들이 이러한 고딕 심취 현상을 세기말의 정신적 공허를 나타내는 징후로 해석했지만, 새천년으로 한참 접어든 지금에도 고딕문화에 대한 관심은 전혀 수그러들 기미가 보이지 않는다.

물론 고딕이 표상하는 '죽음'이라는 유행은 어느 날 갑자기 나타난 것이 아니다. 그 나름의 역사와 원인이 분명하다. 고딕은 서양의 중세시대, 정확하게는 중세 말기에 태어난 하나의 양식이지만, 마지막 시기 그 이상의 의미를 지닌다. 종교재판의 악습이 판을 치던 당시 사탄과 마녀사냥에 대한 공포와 끔찍한 굶주림으로 극히 힘겹던 시기가 바로 고딕의 시대였다. 말그대로 '사는 게 사는 게 아닌', 죽도록 힘든 시기였다. 유럽 전체 인구의 3분의 1을 감소시킨 페스트가 창궐한 것도 바로 이때다. 일부 성직자들의 부패와 기만 외에도 종교적으로 세상의 종말이 다가오고 있다는 절망은 민중의 심리적 고통을 증폭시켰다. 중세인의 삶은 죽음과 명확하게 구분되지 않았으며, 따라서 그들의 삶은 항상 죽을 준비가 되어 있어야 했다. 아마도 그 때문일 것이다. 중세시대 회화에서는 유난히 해골이나 시체가 많이 등장한다. 대표적인 예는 대(大)브뤼겔(Pieter Bruegel the Elder, 1525~1569)의 〈죽음의 승리〉(1562)이다. 이것은 '죽음의 춤,' 즉 '댄스 마카브르(Danse Macabre)'라고 알려진 전통에 속하는데, 이는 주로 죽음과 같은 공포스러운 주제를 다루는 미술이나 문학 분야를 지칭하는 용어이다. 그

림의 내용도 주로 해골이나 육체가 썩어서 부패한 시신의 이미지를 다룬다. 미술사에 기록된 마카브르의 유행 시기는 대략 14세기에서 16세기로 추정되는데, 바로 중세 말과 르네상스시대에 걸려 있는 고딕 시기이다.

그러나 죽음이 두려움의 대상이기만 한 것은 아니었다. 죽음만큼 공평한 것이 세상에 또 있을까? 평민이나 부자나 권력자나 그 누구도 죽음을 피해 갈 수 있는 사람은 없다. 아무리 힘 있는 권력자도, 남부러울 것 없이 다 가진 부자도 죽음 앞에선 어쩔 수 없는 것이 세상의 이치다. 그런 엄연한 사실이 죽음을 일종의 위안으로 만들기도 했다. 가령 죽음은 힘없는 평민을 대신해 모든 것을 누리고 가진 자들에게 복수를 내리는 정의의 화신 같은 것이기도 했다. 그러므로 '마카브르'에 담겨 있는 죽음의 모티브는 표면적으로 체념과 절망을 의미한다 할지라도, 잠재적으로는 불합리한 권력에 대한 저항과 반역을 내재한 의식의 표출을 의미하는 것으로 해석될 수 있다. 이러한 양가성은 시대가 바뀌면서 사라진 것이 아니라 오늘날까지 지역, 민족, 문화의 경계를 초월해 거듭 부활하고 있다.

이른바 '어둠의 문화' 고딕은 중세 말의 전성기를 거쳐, 19세기 중후반 영국 빅토리아 시대에 이르러 하나의 문화적 아이콘으로 등장하게 된다. 브람 스토커(Bram Stoker, 1847~1912)의 『드라큘라(*Dracula*)』(1897)가 출판된 것도 바로 이 시기다. 당시 식민주의 정책으로 명실공히 세계 대제국으로 우뚝 선 영국은 산업혁명의

팝 게릴라 레이디 가가

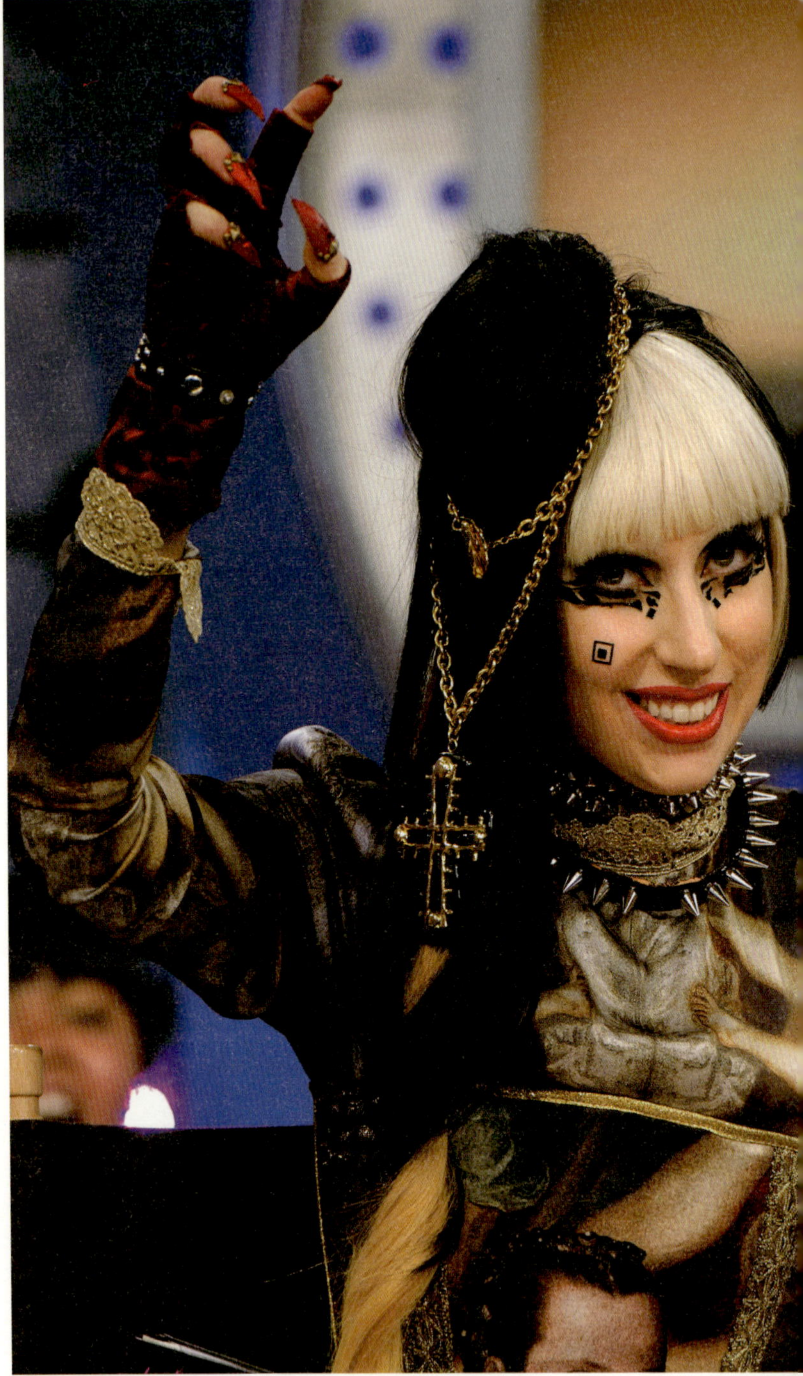

© 연합뉴

본격화와 함께 그 어느 때보다 물질적 풍요를 크게 누렸지만, 그 반대급부로서 물질만능주의는 천박한 자본주의문화를 양산하고 인생의 환멸을 조장하기도 했다. 이런 사회 분위기 속에서 부르주아 사회를 비판하는 초월적 문화로 모습을 드러낸 것이 유미주의(唯美主義)의 '예술을 위한 예술' 운동이었다. 쓸모없는 예술을 위해 인생을 낭비하는 것이 삶의 허무를 정당화할 유일한 이유가 된 셈이다. 일례로 유미주의의 사도(使徒) 오스카 와일드(Oscar Wilde, 1854~1900)는 가치 없는 대상에 대한 탐닉과 열정을 지적 유희로 여겼다. 그런 점에서 1970년대 초 영국의 글램록에 바친 헌사인 "벨벳 골드마인"(1998, 토드 헤인즈 감독)이 100년 후 환생한 와일드를 모티브로 한 것은 결코 우연이 아니다. 그리고 이 영화에 주인공으로 등장하는 팝 스타의 모델이 된 캐릭터, 데이비드 보위는 레이디 가가가 자신을 연출할 때 적극적으로 참조한 선배 팝스타 가운데 한 명이기도 하다.

> 나는 퀸과 데이비드 보위를 미술(art) 속의 아이콘으로 바라봅니다. 그것은 단순히 음악에 관한 것에 그치지 않아요. 그것은 퍼포먼스에 관한 것이고, 태도 그리고 외양에 관한 것이기도 하지요. 사실 그것은 모든 것과 관련되지요.

보다 최근의 고딕 문화는 대중문화, 특히 대중음악에서 쉽게 찾을 수 있다. 이른바 '고스 메탈' 또는 '고딕 록'이라고 알려진 장르의 음악이 그것이다. 대체로 굵고 낮은 목소리의 보컬과 전자

악기의 거친 음악이 특징적이며, 쾌락보다는 고통을, 현실보다는
죽음을 찬양하면서 어둠과 광기를 초현실적으로 표현하는 듯한
록 음악의 장르다.

> 우린 죽음의 행진 밴드. 피터 팬이 마차에서 내리는군. 즐겨. 도취되
> 지 않은 놈은 믿지 마. 아무 맛도 나지 않지만 좋은걸. 하지만 난 이
> 맛이 좋아. 내 머리 꼭대기는 미친개와 폭탄, 담배 파이프를 가진 위
> 험한 치어리더, 혐오스러워.

자칭 '적그리스도 슈퍼스타' 마릴린 맨슨의 가사 일부이다. 범
상치 않은 그의 외모는 그 유명한 악마적 영향력과 더불어 퇴폐
와 불신, 죽음에 몰입한 청년 하위문화를 대표하는 얼굴이 되었
다. 정신을 혼미하게 만드는 음악, 그 음악에 완벽하게 심취한 관
중의 모습은 '마더 몬스터' 레이디 가가와 그녀를 추종하는 '리
틀 몬스터'의 모습과 닮았다. 그렇지만, 마릴린 맨슨 역시 레이디
가가의 무대 페르소나의 형성에 상당한 영향을 미친 인물이라는
사실에도 불구하고, 우리는 '가가의 고딕'이 맨슨의 고딕과는 근
본적으로 차이가 있다는 사실을 지적하지 않을 수 없다. 무엇보
다도 그녀의 '마카브르'(죽음의 춤)는 파괴와 전복의 외양을 띠고
있지만 실은 서로 보듬고 더불어 살아가자는 내면의 메시지를 담
고 있다. 그녀의 마카브르는 위반의 춤사위로 가득하지만, 자기
발견을 향한 따뜻한 격려를 위해 고안된 것이라는 말이다. 예컨
대 가가의 다음 발언에 주목해 보자.

저는 실제로 또 정말로 너무나 기뻐요. 왕따에 대한 관심이 얼마나 많이 늘어났는지를 보게 되어서 말이에요. 왕따가 얼마나 깊숙하게 우리 모두에게 영향을 미치는지요. 아시죠! 여러분들은 고등학교에서 왕따당하는 루저 아이가 될 필요가 없답니다. 왕따와 찍히는 것은 매우 다양한 형태로 실행되지요.

마릴린 맨슨에게서 왕따에 대한 위와 같은 따뜻한 관심을 기대하는 것은 무척이나 어려운 일이다. 그렇다고 해서 레이디 가가가 강한 외면과는 구분되는 부드러운 내면을 가지고 있다는 정도로 정리해 버려서는 곤란하다. 그녀의 행위예술을 관통하는 코드로서 '고딕'이 어둠의 장르이자 죽음의 장르라는 것은 부인할 수 없는 사실이기 때문이다. 우리가 강조하고 싶은 것은 '가가의 고딕'이 대중음악계의 역사적인 맥락에서 전례를 찾기 어려울 정도의 다층성과 혼종성을 가지고 있다는 사실이다. 그녀가 밝히고 있듯이,

"주제넘게 들리지 않았으면 하지만, 나는 팝 뮤직을 혁명화하는 것을 목표로 삼아 왔습니다. 가장 최근의 혁명은 마돈나에 의해서 25년 전에 착수된 바 있지요."

여기서 특별히 주목할 것은 이러한 '팝 뮤직의 혁명'이 음악적 실험을 가리키는 것 같지는 않다는 점이다. 그녀의 퍼포먼스는 시각적으로 소화하기 어려운 이질감으로 가득 차 있지만, 청각

적으로는 전혀 그렇지 않다. 대부분 디스코 리듬을 바탕으로 하고 있으며 우리 대중음악계에도 이미 익숙한, 귀에 쏙쏙 들어오는(catchy) 반복적인 팝 곡조들은 그 자체만을 놓고 본다면, 가가의 그로테스크하고 전위적인 이미지와는 사뭇 다른 느낌을 준다. 그것은 춤추는 젊은이들의 귀에 매끄럽게 감기도록 하기 위해서 '톤 다운'된 것으로 보이며, 심지어는 사무실에서 근무하거나 대중교통을 이용해 이동하는 중에 배경음악으로서도 손색이 없어 보인다. 가령 언더그라운드 '다크 카바레(dark Cabaret)' 스타일의 음악과 펑크를 추구하는 드레스덴 돌스(The Dresden Dolls)의 "걸 아나크로니즘"(Girl Anachronism, 2003)을 떠올려 보라. 제왕절개수술에서 시작된 상처받은 삶을 이야기하는 아만다 팔머(Amanda Palmer)의 차가운 금속성의 목소리가 실험적인 연주들 사이로 날카롭게 도드라진다. 그에 비하면 가가의 노래는 어떠한가? 그야말로 말랑말랑하고 서정적이기까지 하다. 그러나 사정은 우리가 가가의 가사에 귀 기울일 때 그리고 뮤직비디오의 이미지와 내러티브를 '개념적으로' 이해하려고 할 때 전혀 달라진다. 도대체 그녀의 유명한 뮤직비디오에서 일관되게 '마카브르'를 추고 있는 캐릭터들은 무엇을 재현, 표현, 혹은 형식화하는 것일까? 가가의 매력은 이 물음에 대한 답을 쉽게 누설하지 않는다는 점에서, 그러면서도 우리의 오감을 풍성하게 자극하는 동시에 표면적인 흥겨움과는 전혀 다른 차원의 무겁고 진지한 사회적 메시지를 전달한다는 사실에서 발견될 수 있다.

"확실히 내 뮤직비디오 속에는 언제나 숨겨진 의미가 존재하지요."

가령 가가의 뮤직비디오 중에서 가장 많은 조회수를 기록하고 있는 "Bad Romance"를 떠올려 보자. 가가의 설명을 듣지 않고서 이 비디오가 '인신매매'를 주제로 삼고 있다는 것을 추측해낼 수 있는 이가 얼마나 될까? 그러나 우리가 굳이 그 숨겨진 의미의 층위에 가닿지 않아도 가가의 뮤직비디오는 그 자체로 이미 수많은 볼거리와 생각할 거리로 가득하다. 즉 가가의 잔혹하고도 열정적인 뮤직비디오에서 우리가 만나게 되는 것은 기묘함과 발랄함과 진지함과 성적 흥분과 정치적 올바름(political correctness)의 어색한 듯하면서도 자연스러운 공존이다. 이런 복합적인 소재와 주제가 비단 예술적인 컨테이너들(가사, 안무, 곡조, 패션, 설치 등) 사이에서만이 아니라 콘텐츠의 심급을 가로지르면서, 때로는 조화롭게, 때로는 충돌을 통해서 극적으로 실연되고 제시되고 있다. 요컨대 가가의 '고딕 행위예술'은 평면적이 아니라 다층적이며, 동종적이지 않고 혼종적이다. 그녀의 가사는 해체적이지만 안무는 그야말로 정열적이고, 그녀의 패션은 (생고기 드레스와 리본 헤어스타일 등이 잘 드러내듯이) 충격적이고 전위적이지만 음악은 평범하다 못해 자못 보수적이기까지 하다(쇤베르크와 케이지를 떠올려 보라). 물론 이러한 작업은 끊임없는 기획과 의도적인 실천의 결과물이다. 한마디로 그녀의 고딕은 정제된 버전, 상품화된 버전, 그리하여 거세된 버전의 고딕이라고 볼 수 있다.

우리나라에도 팬으로부터 일명 '마왕(Prince of Darkness)'으로 불리는 신해철이 있다. 1997년에 나름 잘나가던 그룹 넥스트(N.EX.T)를 해산하고 2년가량 영국과 미국 유학을 다녀와 선보인 그의 모습은 그런대로 고딕스럽다고 할 수 있다. 『쾌변독설』(2008)의 저자이기도 한 신해철은 음악 활동 이외에도 사회참여적인 뮤지션으로 명성과 악명이 높다. 그 밖에 시청률은 높지 않았지만 2005년부터 1년 남짓 방송된 MBC 시트콤 "안녕, 프란체스카"의 흡혈귀 가족 덕분에 우리는 유쾌하게 포장된 고딕문화에 알게 모르게 친숙해질 수 있었다. 하위문화였던 고딕문화가 이처럼 대중문화의 한 갈래로 당당히 거듭날 수 있게 된 것은 미디어의 절대적인 후원에 힘입은 바 크다.

> 예술가로서 나의 목표는 매우 흥미로운 방식으로 세계에 팝 음반을 흘려보내는 거예요. 나는 팝송 하나로 사람들을 홀려서(trick), 그들이 진짜로 쿨한 어떤 것을 즐기고 있다고 믿게 만들고 싶어요. 그것은 마치 한 스푼 가득한 설탕 같은 것일 수 있고, 나는 치료약(medicine)이 되는 셈이죠.

예술의 순수성과 자율성을 꿈꾸던 모더니스트들이 그토록 비난해 마지않았던 '설탕'이나 '치료약'의 비유를 가가는 거리낌 없이 스스로의 기획의 중심에 두고 있다. 그러나 그렇다고 해서 가가의 마카브르가 선배들의 그것에 비해 열등하다고 할 수 있는가? 아서 단토(Arthur Danto)가 선언했듯이, 오늘날 예술계를 지배하는 시대정신은 '예술의 종말'과 '다원주의의 발흥'으로 집약될 수 있다. 더 이상 다다(제1차세계대전(1914~1918) 말엽부터 유럽과 미국을 중심으로 일어난 예술운동)와 초현실주의를 끝으로 지나간 '역사'가 되어 버린 아방가르드나, 추상표현주의에서 정점에 달한 모더니즘 미술이 현대미술의 헤게모니를 장악하고 있지 못하다. 이러한 시점에서 가가는 새로운 종류의 행위예술을 통해서, 우선은 대중음악의 경계를, 다음으로는 예술의 경계를 몸소 넓혀 가고 있는지도 모른다. 바로 이것이 새천년 초입의 시대정신에 몸을 실으면서 다층적이고 혼종적인 방식으로 끊임없이 자신의 페르소나(persona)를 출산하고 살해하고 있는 가가적 천재성의 한 얼굴이라 해도 좋을 것이다.

## 4. 엽기적 상상력 - 아브젝시옹, 캠프, 그로테스크

레이디 가가가 공연이나 뮤직 비디오에서 선보이는 모습은 확실히 현상적으로 엽기적이다. 이를테면 '성냥팔이 소녀'가 '눈알팔이 소녀'로 변신해서 '눈알 사세요.'를 외치고 다니는 식이다. 엽기적일 뿐만 아니라 거기에는 하위문화적 요소가 가세해 있기도 하다. 우리는 이 '엽기적'이라 불리는 면모를 세 가지 키워드, 즉 아브젝시옹(abjection), 캠프(camp), 그로테스크(grotesque)에 따라 특징지음으로써 그 문화적 좌표와 미학적 의의를 살펴보고자 한다.

우선 그 엽기적 시공간을 스케치해 보자. 다시 한 번 "Bad

팝 게릴라 레이디 가가

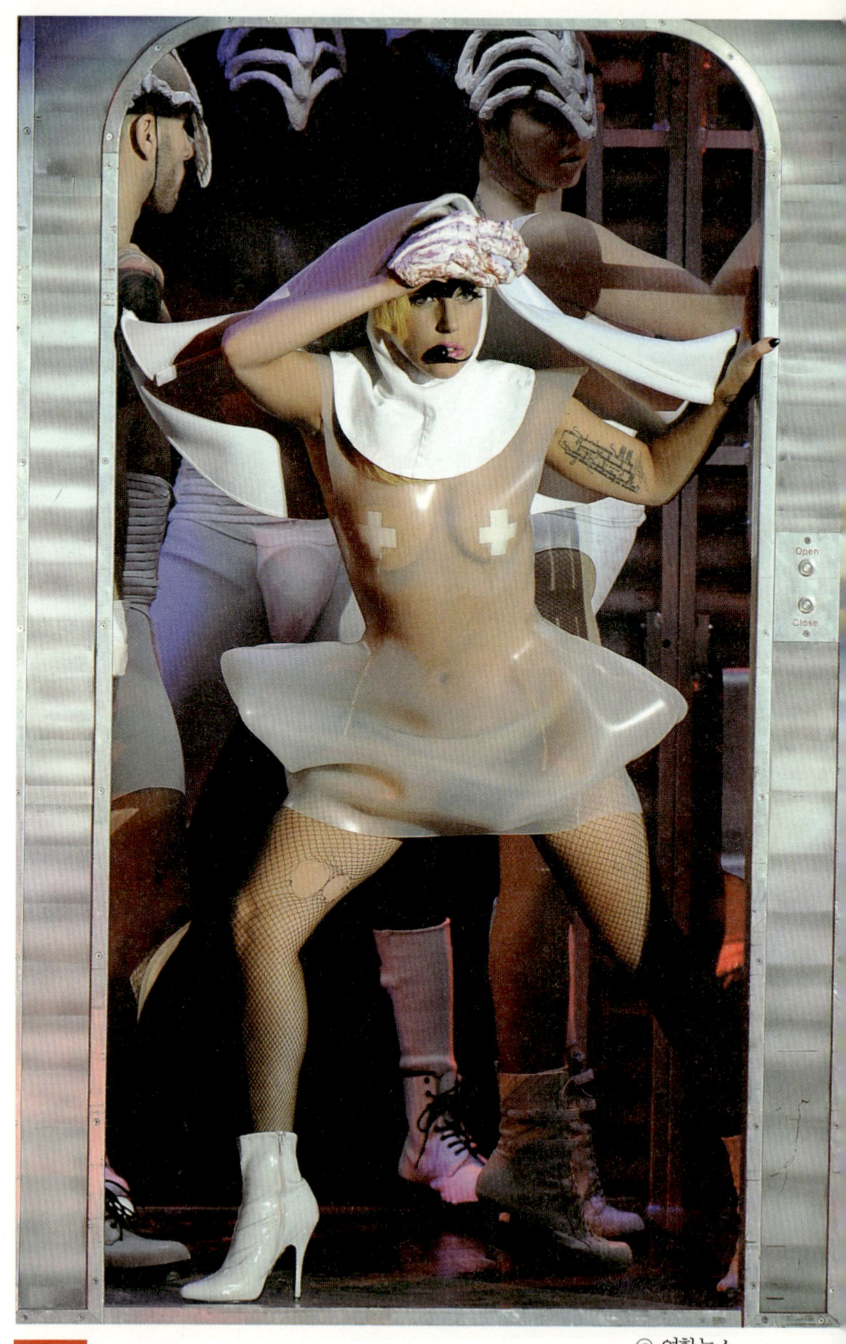



이탈리아 공연(2010.12.04)

ⓒ 연합뉴스

Romance”로 돌아가서 그 마지막 장면들을 떠올려 보라. 그곳에는 기괴하게 변형된 신체와 불타버린 시체, 좀비 같은 기이한 생명체, 피와 같은 분비물이 난무하고 가학과 피학, 신성모독의 암시가 농후하다. 이는 끔찍한 감정을 유발하기도 하지만, 무엇보다 이성적으로 불가해한 것으로 다가온다. 비디오에서 가가의 페르소나는 초현실적으로 연출된 하얀 목욕탕과 같은 공간에서, 무언가를 즐기는 듯 보이기도 하지만 더 정확히는 오히려 학대당하고 있는 것처럼 드러난다. “Paparazzi”나 “LoveGame”, “Alejandro” 등에선 무법(無法)과 기행을 즐긴다는 점에서 (일반적 의미에서) ‘변태’라고 비난할 사람도 있을 것이다. 어떻게 그런 짓을 즐길 수 있는지 난색을 표할 때 우리는 미학적 당혹감에 빠져든다. 이 모든 요소는 임상적으로 ‘도착적’이라고 해야 할 특질과 맞물리는 바, 도착증자는 일반인과 달리 상징적 금기, 즉 법을 자유롭게 위반하면서 쾌락을 얻는다. 그러나 다른 한편으로 뮤직비디오 속 주인공의 이미지는 정체 모를 비애 내지 상실감을 강력하게 전달하고 있다. 이러한 역설과 뒤섞임을 우리는 어떻게 위치를 지을 수 있을까?

### 1) 아브젝시옹, 일종의 미적 경험?

1993년 휘트니 미술관에서 열린 ‘아브젝트 아트(Abject Art)’라는 제목의 전시 이후, 절단된 신체와 사체, 신체 분비물 등 일부러 더럽고 섬뜩한 소재를 사용하는 동시대 미술의 흐름을 이해하는 데 '아브젝시옹'이라는 용어가 널리 사용되고 있다. 그 개념은 프랑스의 페미니스트 기호학자 줄리아 크리스테바(Julia Kristeva)에서 비롯된 것인데, 그녀는 '아브젝시옹에 대한 에세이'라는 부제가 붙은 『공포의 권력(*Pouvoirs de l'Horreur*)』(1982)을 이렇게 시작한다. "아브젝시옹에는 자신을 위협하는 것에 대항하는 존재의 격렬하고도 어렴풋한 반항이 있다."(서민원 옮김, 동문선, 2001, 21쪽) 이 모종의 정서 덩어리는 실은 어떤 정의된 대상이 아니다. 간단히 말해서 그것은 친숙한 상징 질서 안으로 불현듯 침범해 들어온 괴물 같은 위협적 존재가 불러일으킨 근원적 욕망이자, 메스꺼워 구역질을 느끼면서도 왠지 매력을 느끼는 양가적 충동을 말한다. 그 괴물이 묘한 매력이 있기에 더욱더 겁에 질리고 구토를 느끼는지도 모른다.

극단적 양가감정(兩價感情)에 빠진 주체는 이미 자기 바깥으로 내동댕이쳐진 채 스스로를 유지할 수 없다. 인식의 상태를 완전히 벗어나 있기 때문이다. 구토를 한다는 것은 더럽고 메스꺼운 것을 자기 몸에서 배출해 내는 것이다. 배출하도록 하는 힘은 바로 사회적 금기의 상징체계이다. 그것이 보호막이 되어 사실은 자신의 일부인 저 혐오스런 무엇을 토해 냄으로써 분비·배출·축출하도록 만든다. 죽음, 배설물, 부패물을 볼 때 일어나는 반감과 반발은 상징 질서 안에서 주체가 스스로를 유지하도록 해 준다. 좀 까다로운 예를 하나 들자면, 자아가 그 몸의 일부였던 어머니의 몸에 대한 금기(곧 자기 성애나 근친상간의 금기) 역시 애착과 당착이

뒤얽힌 어머니의 몸을 혐오스러운 것으로 정립하는 것과 연관이
있다. 해산하는 여인의 고통은 숭고하게 비춰지기도 하지만, 그녀
의 몸을 찢고 나온 아이와 산모를 둘러싼 갖가지 분비물은 사실
더러운 찌꺼기로서 내다 버려야 할 오물이기도 한 것이다.

몰아내려고 하면 할수록 오히려 주체를 자신 바깥으로 내쫓
아 버리는 이 괴물은 도대체 무엇인가? 크리스테바는 분명하게
그것이 어떤 대상은 아니라고 말한다. "아브젝시옹이 나를 점령
할 때 … 아브젝트는 내가 명명하고 상상할 수 있는, 내 앞에 있
는 대상이 아니다."(같은 곳) 혐오를 불러일으키는 것은 주체와 마
주 서 있는 대상이 아니라, 주체가 동일성을 유지하기 위해 축출
해 내야 할 자기 안의 괴물이기 때문이다. 분명 객체(object)도, 주
체(subject)도 아니 비체(abject)는 아직 충동과 분리될 수 없는 대상
이 승화된 것으로 보아도 무방하다. 프로이트의 정신분석에 따르
면, '초자아'의 철저한 감시를 받는 '자아'는 '이드'의 충동을 모두
다 받아들이지 못한다. 그렇기 때문에 아브젝시옹에서처럼 자아
와 초자아가 뒤섞여 녹아 버린 상태는 쾌락보다는 오히려 극단적
혐오감을 불러일으키게 된다. 비슷한 맥락에서 요즘 주변화되곤
하는 집단, 예컨대 미혼모·창녀·죄수·빈민·장애인·소수 신앙자
등의 상태를 가리키는 데 아브젝시옹 개념이 사용되기도 한다.

지금까지 살펴본 아브젝시옹 개념을 레이디 가가의 작업에 적
용해 보면, '마더 몬스터'에 대한 혐오와 매혹도 상당부분 설명될
수 있다. 신체를 기형으로 만들기 위해 화장은 물론이거니와 어

깨에 뿔 모양의 인공물을 부착한 모습이나, 마치 프랑켄슈타인 박사의 작업 중인 괴물인 듯 아직 아물지 않은 칼자국이 곳곳에 남은 모습은 매한가지로 섬뜩하고 혐오스럽다. 그녀의 몸에 부착된 이물질과 각인된 상처는 선정성과 폭력성에도 불구하고, 아니 바로 그 선정성과 폭력성 때문에 혐오스럽기도 하고 매혹적이기도 한 것이다. 아마도 그녀의 뮤직비디오에서 문득 엿보이는 비애와 상실감도 이와 무관하지 않으리라. 특히 "Marry the Night"에 나오는 페르소나의 분열증 및 망상증과 만날 때 그것은 선명한 트라우마의 경험을 내비친다. 앞서 서술한 대로 배척당한 '스테파니'의 경험도 트라우마가 될 수 있지만, 아브젝시옹 자체가 트라우마의 경험을 구성하기 때문이다.

### 2) 미적인 감수성, '캠프'

아방가르드가 제2차 세계대전 이후 다시금 재활용되기 시작했을 때, 이른바 나쁜 취미 '키치'(kitsch)는 몇몇 지식인 그룹에서조차 야릇한 부정적 명성을 향유하게 된다. 이것이 기이한 캠프의 감수성을 발생시킨 주요 요소 가운데 하나라고 할 수 있는 바, 그 감수성은 아이러니의 감식안으로 변장한 뒤에 가장 이상한 키치가 제공하는 쾌락에 자유롭게 빠져든다. 캠프는 마치 의식적으로 추구했던 나쁜 취미가 실제로는 스스로를 넘어서서 정반대의 것이 되어 버린 것과 같다. 이것이 적어도 미국의 문필가, 문학평론가이자 사회활동가인 수잔 손택(Susan Sontag, 1933~2004)이 '캠프'

에 대한 최후 진술로 제시한 "캠프는 '끔찍하기 때문에 좋다.'"(『해석에 반대한다(*Against Interpretation*)』, 이민아 옮김, 이후, 2002, 437쪽)라는 말이 의미하는 바이다.

손택은 "세상에는 이름이 붙여지지 않는 것이 많이 있다. 그리고 이름이 붙여지긴 했지만 설명되지 않은 것도 많이 있다. 그 가운데 하나가 '캠프'라는 별칭으로 불리며 예찬되고 있는 감수성이다."라는 말로 《캠프에 대한 단상(*Notes on "Camp"*)》(1964)을 시작한다. 이 글이 단상 또는 메모의 형태를 띤 것도 '감수성'처럼 유별나게 붙들기 어려운 것에 관해 뭔가를 서술하기 위해선 평론보다는 좀 더 민첩한 표현 형태가 필요했기 때문이다. 이렇게 해서 탄생한 58개의 단상은 오스카 와일드에게 보내는 경의로서 곳곳에 그의 경구가 포진해 있다.

레이디 가가를 이해하는 데 흥미로운 구절이 상당히 많이 있지만, 손택의 단상 가운데 가장 핵심적으로 들리는 몇 가지만 뽑아 보자면 아래와 같다.

> 캠프는 본래 자신을 진지하게 제시하는 예술이지만, '너무 지나치기' 때문에 전혀 진지하게 받아들일 수 없는 예술이다.(423쪽)

> 캠프는 '성격'의 미화다. 그 사람이 말한 바는 중요치 않다. … 캠프 취향의 진정한 우상 그레타 가르보(Greta Garbo)의 경우에서 이 점이 분명히 드러난다. 가르보는 배우로서의 무능력(적어도 깊이의 결여) 덕분에 더욱더 아름답다. 그녀는 언제나 그녀일 뿐이다.(427쪽)

구식 멋쟁이(19세기 댄디-저자주)는 천박함을 혐오했다. 신식 멋쟁이(20세
기-저자주), 즉 캠프를 사랑하는 사람은 천박함을 높이 산다. 구식 멋
쟁이가 끊임없이 기분 나빠하거나 따분해 하는 곳에서 캠프의 감정
가는 끊임없이 기뻐하고 즐거워한다. 멋쟁이는 향수 적신 손수건을
코에 틀어박고 걸핏하면 실신했으나, 캠프의 감정가는 악취를 들이
마시면서 자신의 막강한 비위를 뽐낸다.(433쪽)

캠프를 향유하려면 고급문화의 감수성이 고상함을 독점한 것은 아
니라는 위대한 발견에서 출발해야 한다. 캠프는 좋은 취향이 단순히
좋은 취향인 것은 아니라고, 실제로 나쁜 취향에 관한 좋은 취향이
존재한다고 주장한다. 나쁜 취향에 관한 좋은 취향을 발견하면 사람
은 아주 큰 자유를 얻는다.(435-436쪽)

아울러 『과잉교육을 받은 이들을 위한 몇 가지 격언』에서 오
스카 와일드가 설파한 경구 하나 더 살펴보자.

삶에서 비정상인 것이 예술에서는 정상적인 것이 된다. 삶이 할 수
있는 유일한 일은 예술과 정상적인 관계를 맺는 일뿐이다.(433쪽 재인
용)

'스테파니 저마노타'는 공식 데뷔 전 앨범을 준비하던 중에 레
이블 회사에서 쫓겨난 적이 있었다. 그것은 그녀가 '너무 연극적'
이라는 이유 때문이었다. 지나치게 화려한 연극성과 인위성이야
말로 캠프 감수성의 필요조건임을 상기하시라. 게다가 가가의 공
연과 뮤직비디오의 스타일을 결정하는 천박함과 상스러움의 하

이퍼 리얼리티에 대해서는 더 언급할 필요도 없을 것이다. 한 가지만 더 따로 다루어야 할 것이 있다면, 그것은 바로 섹슈얼리티의 문제다. 그녀의 뮤직비디오에서 남성 댄서가 하이힐을 신고 춤을 춘다거나, 남성과 여성의 성 역할이 바뀐 모습으로 성행위를 묘사하는 장면은 분명 공연을 하기 위해 여장한 남자인 '드래그 퀸(drag Queen)'보다 한 단계 더 나아간 것이다. 남성과 여성의 겉모습만 뒤바뀐 정도가 아니라 아예 남성과 여성의 범주 자체를 교란시키며 양성구유(兩性具有, androgyny)를 시사하기 때문이다. 그 밖에도 스트립쇼를 퍼포먼스로 만든 '뉴 벌레스크(New Burlesque)'의 차용은 사회 풍자가 깃든 일종의 뮤지컬이던 원래의 '벌레스크'의 리바이벌로서 그 외양뿐 아니라 통렬한 블랙 유머까지 선사한다. 이런 모든 특징을 한마디로 꼬집는다면 그것이 바로 '캠프'라고 할 수 있다.

### 3) 미적 범주로서의 '그로테스크'

'그로테스크'라는 용어는 '기묘한, 기괴한, 괴상한, 야릇한, 추악한' 따위의 경멸적 의미로 사용되는 경우가 다반사이다. 원래 기괴한 장식을 지칭하는 용어였던 그로테스크 개념이 미적 범주로 확립되기 시작한 것은 18세기에 이르러서였다. 이때 그로테스크 개념은 늘 '조야하고 저급하고 우스꽝스러우며 몰취미하기까지 한 기이함'이라는 꼬리표를 달곤 했다. 이와 같은 미적 범주화의 시도가 캐리커처의 등장과 맞물려 있다는 점은 매우 납득할 만한 사실이다. 추한 현실을 왜곡되고 불균형한 형태로 과장시켜 표현한 캐리커처가 진정한 예술로 인정받으면서, 당시까지 예술적 사고의 토대였던 '이상화된 아름다운 자연의 모방'이라는 원칙이 뿌리째 흔들리는 것도 시간문제가 되었다. 캐리커처가 추구한 것은 그와 같은 유구한 전통과는 정반대였기 때문이다. 정확히 이런 의미에서 레이디 가가의 초현실주의풍 의상과 구두 등은 '그로테스크'로 분류되기에 충분하다.

특히 주목해야 할 것은 그로테스크를 대하는 관찰자의 내부에서 여러 모순적인 감정들이 깨어난다는 사실이다. 가령 기형적인 형태에 대한 조소와 함께 괴이쩍은 요소들에 대한 혐오감 역시 일렁이지만, 그 중에서도 가장 근본적인 감정은 현실세계가 파괴되며 발밑이 아득해지는 듯한 충격과 섬뜩함, 뭐라 표현할 수 없는 당혹감일 것이다. 이와 같은 미적 경험은 앞서 아브젝시옹 개념과 궤를 같이하는 것이다.

레이디 가가의 모습은 그로테스크함, 비천함, 신체의 인위적 변형에 유독 집착하는 현대적 문화생산의 경향성을 그대로 보여준다. 지금껏 살펴본 것처럼 기형, 흉터, 괴물 같은 존재, 무엇보다도 피에 대한 집착은 점점 더 탈신체화되어 가는 정보사회에서 신체의 물질성을 복귀시키려는 시도로 볼 수도 있을 것이다. 특히 '변태'(metamorphosis)와 기형에 대한 집착은 부분적으로는 수행적 정체성 개념(스스로를 괴짜, 괴상한 자아로 재정립하기)을 기초로 한다. 다시 말해 '왕따' 아이는 자신의 소외를 있는 그대로 수긍

하고 괴상함을 멋으로 승화시킬 줄 아는 역할로 다시 서술되면서, 이제는 관객을 매료시킬 수도 있다. 스테파니 저마노타처럼 말이다. 그로테스크를 순전히 반(反)부르주아 스타일이라고 규정한 소설가 토마스 만(Thomas Mann, 1875-1955)의 관점은 이런 맥락에서 적절히 이해될 수 있을 것이다.


## 5. 맺음말

이제 바야흐로 애초의 문제의식으로 돌아갈 지점에 이르렀다. '가가는 사탄인가, 천재인가?' 이런 마니교적 이항대립의 틀로 우리의 여행을 마무리해야 한다는 사실이 무척이나 서글프고 씁쓸하다. 허나 어쩌겠는가? 그것이 우리가 처한 척박한 현실의 가감 없는 반영이라고 한다면, 아프기는 하지만 전혀 무용한 물음은 아니지 않은가! 이미 여러 차례 암시했듯이, "나는 스스로를 행위예술가라고 생각해 왔답니다. … 나의 삶 전체가 퍼포먼스거든요."라고 고백하고 있는 20대 중반의 아가씨 레이디 가가는 결코 사탄이 아니라고 생각한다. 오히려 그녀의 작업은 '천재'에 가깝다는 것이 우리의 정직한 판단이다. 물론 여기서 천재란 과거 낭만주의적 경향 속에서 운위되곤 했던 신적인 영감이나 비합리적인 광기의 소유자와는 별로 관계가 없는 개념이라는 점을 따로 밝혀 두어야 할 것이다. 오히려 이것은 21세기의 '탈조직화된(post-organized) 자본주의 시대'의 문화논리로서 포스트모더니즘 또는 일상생활의 심미화란 흐름 속에서, 철저하게 민주화되고 합리화된 버전의 '창조성' 개념에 기반하고 있다. 이 새로운 개념을 '맥락-의존적인' 새로움(newness)과 '문제-의존적인' 유용성(usefulness)의 결합으로 이해한다면, 가가의 천재성 또는 창조성에 대한 우리의 입장이 상당히 정확하게 전달될 수 있을 것이다.

지금까지 우리는 '몬스터의 구원 내러티브', '새로운 고딕 정신', '엽기적 상상력' 등을 키워드로 삼아 레이디 가가에 대한 사회미학적 분석을 시도해 보았다. 그 와중에서 독자들은 가가의 이미지가 현대문화의 상황과 절묘하게 맞아떨어진다는 사실을 발견할 수 있었을 것이다. 이를테면 내면의 상처와 고통, 자아의 분열증적 본성, 특정 민족이나 개인을 '괴물'로 타자화하는 것, 기괴하고 변형된 신체에 사로잡힌 탐닉 등 현대예술의 핵심적인 쟁점들이 그녀의 이미지 및 작업과 잇닿아 있다. 새천년의 동시대적인 관심사를 다루는 데 더할 나위 없이 적합하다는 점에서, 또한 세대와 계층, 인종을 뛰어넘어 상처 입은 대중들에게 전방위적으로 소구하고 있다는 점에서 그녀는 느닷없이 출몰했다 순식간에 사라지는 한갓된 유행으로 보이지 않는다. 무엇보다 그녀는 우리 사회의 어두운 무의식적 욕망을 드러내고 해부할 수 있도록 해준다. 나아가 인간의 고통과 불안, 상처를 함께 이야기할 수 있는 언어를 고민하게 될 때, 그녀는 부정되고 금기시된 어떤 것을 대변하는 씩씩하고 성스러운 목소리가 될 수도 있을 것이다.

누군가에게는 혐오와 두려움의 대상이 되기도 하지만, 찬찬히

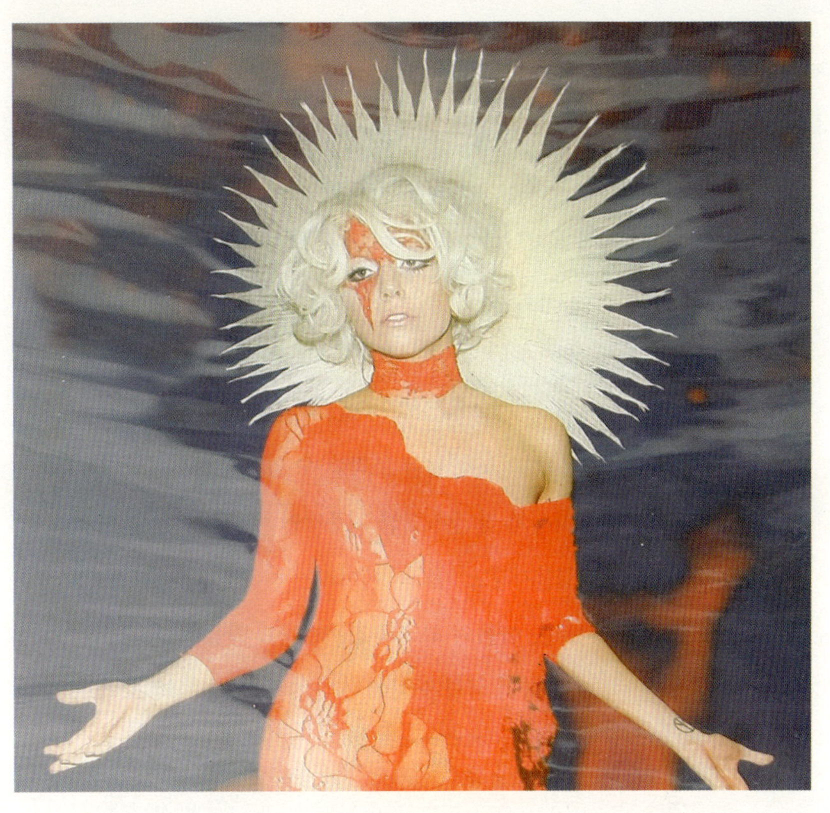



곱씹어 보면 레이디 가가의 이미지와 퍼포먼스는 분명 세련되고
고급스럽다. 오트쿠튀르의 패션 디자이너 친구의 영향 때문일까?
음악을 만들 때 미술, 패션, 퍼포먼스 등을 총체적으로 구상하는
그녀는 '지방시'(Givenchy)의 수석 디자이너였던 알렉산더 맥퀸을
항상 그리워하면서 옷을 입을 때마다 고인이 된 그와 교신한다고
한다. 또한 가가는 이탈리아 패션 브랜드 '베르사체'(Versace)의 수
석 디자이너인 도나텔라 베르사체(Donatella Versace)를 뮤즈로 신
봉해 왔다. 예컨대 위의 사진에서 그녀는 붉은색의 비침 옷과 마

릴린 먼로를 '인용'한 헤어스타일에 마치 성녀처럼 후광을 덧붙인 모습을 연출하고 있다. 저렴하고 조야하기보다는 경우에 따라 고급스럽게 생각될 수 있고 하이패션 무대에서나 볼 수 있는 유머러스한 독창성이 돋보인다. 게다가 이 경우 성과 속, 영과 육의 충돌하는 이미지가 여러 의미 층을 이루고 있다. 이처럼 화려하고 기괴한 연극성 뒤에 놓인 무수한 모순들(예컨대 위반과 위로, 진정한 자아 표현과 캠프적 자기 수행, 대중적 인기와 컬트적 매력 등) 사이에서 우리는 다양한 현대문화의 파편들을 포착할 수 있다.

비록 가가가 자신의 작업에 대한 최종적인 예술 감독의 역할을 하는 것은 분명할지라도, 가가의 이미지는 하위문화에서 오트 쿠튀르까지 아우르는, 뉴욕의 최고의 전문가들이 만들어 낸 최신의 혼성 모방, 그 최상의 궁합을 보여 준다. 따라서 가가의 고딕, 가가의 마카브르는 결코 '하드코어(hard core)'가 아니다. 말하자면, 조지 클루니와 쿠엔틴 타란티노가 주연한 "황혼에서 새벽까지" (1996, 로버트 로드리게즈 감독)라기보다는 동명의 판타지 로맨스 소설을 영화화한 "트와일라잇"(2008, 캐서린 하드윅 감독)에 가깝다고나 할까? 최고의 기술자들에 의해 아주 세련된 형태로 다듬어진 '나쁜 취미'는 말끔히 사전포장되면서 명징하게 틈새시장을 겨냥하고 있다. 물론 그 의미 역시 사전에 계획된 동선을 따라서 복합적인 차원을 아우르며 중층 결정된다.

우리는 오늘날의 온갖 문화적 경향을 압축해 놓은 결정판이라고 봐도 좋을, '마더 몬스터' 레이디 가가의 다양한 문화적 원천과 그 미학적 의의를 나름대로 규명해 보고자 했다. 그 원천과 계보에 대한 탐색이 '붉은악마 트라우마'에 사로잡힌 우리의 연약한 형제들에게 조그마한 생각거리라도 던져 줄 수 있었다면, 우리로서는 더 바랄 것이 없다. 미약하나마 이 발굴 작업이 가가를, 아니 각박한 현대사회에서 하루하루를 힘겹게 살아 내고 있는 우리 주변과 우리 내면의 몬스터들과 괴짜들을, 진심으로 이해하고 감싸 안는 용기의 밑거름이 되어 주리라 믿어 의심치 않기 때문이다.

정우진.
대학에서 피아노와 음악학을 전공했으며, 2010년 서울대학교 미학과에서 「언어로서의 음악과 아도르노의 베토벤 해석」으로 철학박사학위를 받았다. 현재 건국대, 서울대, 한림대에서 미학·예술철학·예술사회학 등을 가르치고 있다. 서울시립미술관 시민미술아카데미에도 출강한다.

정종은.
서울대학교에서 종교학과 미학을 전공하고, 동대학원 미학과에서 '영국 문화연구'를 주제로 석사학위를 받았다. 이후 영국 글래스고대학교에서 '문화주도 도시재생'을 주제로 두 번째 석사를 마쳤고, 동대학 문화정책연구소에서 '문화산업 정책'을 주제로 박사논문을 제출했다. 최근 귀국하여 추계예술대학교와 명동 청어람 아카데미에서 예술철학과 문화정책 등을 강의하고 있으며 월간 《복음과 상황》 편집위원으로 섬기고 있다.

# 04

## 크리스천,
## 레이디 가가에 '빠지다'

### 1. 프롤로그

이번에는 '레이디 가가'이다. '한기총(한국기독교총연합회)'이나 '한국교회언론회'와 같은 국내의 보수적인 기독교를 대표한다는 단체들은 이미 지난 2010년에 동성애를 소재로 한 드라마 "인생은 아름다워"에 대해 공개적으로 강한 거부감을 표명하여 물의를 일으킨 적이 있고, 2005년에는 마릴린 맨슨의 공연을 죽음과 사탄을 숭배하여 청소년은 물론 사회에 악영향을 끼친다는 이유로 반대운동을 전개한 바 있다. 또 1999년에는 장선우 감독의 영화 "거짓말"에 대해 음란성을 이유로 기윤실(기독교윤리실천운동본부)이 중심이 된 상영금지운동을 전개했고, 1996년에는 마이클 잭슨 내한공연이 역시 같은 기윤실과 보수적인 기독교 단체들이 주축이 된 연대모임에 의해 거부운동에 직면하기도 했다. 시간을 더 거슬러 올라가자면 8, 90년대에는 이른바 '뉴에이지(New Age)' 사상을 확산시키는 주범으로 지목된 '조지 윈스턴(George

Winston)’, ‘야니(Yanni)’, ‘시크릿 가든(Secret Garden)’ 등 일련의 뉴에이지 뮤지션들이 공격을 받았으며, 그의 연장선상에 있었던 환생이나 윤회와 같은 동양 종교적 소재들과 다양한 판타지 영화들이 경계와 거부의 대상으로 지목되었다.

이와 같이 기독교 대 비기독교적인 대중문화 콘텐츠 사이에 갈등과 충돌의 소식은 어제오늘의 일이 아니다. 비록 갈등의 대상은 영화나 TV 드라마, 음악, 콘서트, 이러저러한 창작자나 제작자들로 매번 달라졌지만, 그 이면을 관통하는 몇 가지 이슈에 대해 보수적인 기독교계는 늘 분명한 기준과 잣대를 가지고 일관성 있게 반대를 표명해 왔다. 그 주요한 이슈들이란 첫 번째는 ‘음란’이라는 단어로 상징되는 선정성에 대한 것이고, 두 번째는 동성애를 비롯한 성 정체성에 관련한 것이며, 세 번째는 신비주의 혹은 악한 영으로 지칭되는 어둠의 영성에 대한 것이다. 금번 ‘레이디 가가 사태’는 그간 한국교회가 경계해 왔던 이 세 가지 주요한 이슈가 모두 개입되어 있는 까닭에 한 치의 양보도 없는 일대 결전이 벌어지고 있다. 이에 단순한 일회성 사례로서 ‘레이디 가가 사태’의 의미를 다루기보다는, 과거로부터 계속되어 왔고 또 앞으로도 끊임없이 반복될 가능성이 농후한 기독교계의 비기독교 문화 콘텐츠, 특히 앞서 언급한 세 가지 비기독교 내지 반기독교적 요소를 지닌 ‘텍스트’에 대한 기독교의 전통적인 해석적 태도가 타당한 것인지를 비판적으로 살펴보고, 이를 바탕으로 전향적인 해석의 대안적 태도를 고민해 보고자 했다.

## 2. 의도

철학자이자 기호학자이며 소설가인 동시에 후기 구조주의 문
화이론가들 가운데서도 구별되는 나름의 독특한 입장을 견지
해 온 움베르토 에코(Umberto Eco)는 그의 주요한 저술 중 하나
인 『해석이란 무엇인가(*Interpretaton and overinterpretation*)』[1]를 통
해 텍스트의 균형 잡힌 해석에 있어서는 반드시 세 가지 의도, 즉
‘저자의 의도’와 ‘텍스트의 의도’ 그리고 ‘독자의 의도’를 고려해야
한다고 주장하였다. 에코와 달리 롤랑 바르트(Roland Barthes)나 자
끄 데리다(Jacques Derrida)와 같은 후기 구조주의를 대표하는 일군
의 학자들은 전통적인 해석학에 있어서 절대적인 권위를 부여받
았던 ‘저자의 죽음’[2]을 선언하고, 그런 저자의 권위 있는 의도에
잇닿아 있는 ‘텍스트’를 해체해 버렸다. 그리고 마지막으로 남아
있는 ‘독자’의 자유로운 의도를 절대시하는 이른바 ‘독자의 글쓰
기’로서의 해체적 해석의 시대를 열었다. 이런 입장에 서 있는 이
론가들이나 독자들은 저자가 어떤 의도를 가지고 텍스트를 만든
다 해도, 그 의도라는 것이 텍스트로 형상화되는 과정에서 ‘텍스
트 자체의 의도’와 반응하는 일련의 과정을 통해 일부 혹은 전체
가 원래 의도와는 다른 의미를 내포할 수밖에 없다고 믿는다. 더
욱이 이렇게 텍스트의 의도에 의해 한 번 변형된 저자의 의도는
최종적인 독자, 즉 ‘독자의 의도’와 맞부딪히면서 다시 한 번 새로
운 의미화 과정을 거치게 되고 결국 마지막에 이 모든 의미화의
방점을 찍는 절대적인 존재로서 ‘독자’가 남게 된다.

이런 맥락에서 '해체주의자'로 일컬어지는 후기 구조주의의 극단적 해석가들의 경우, 저자의 의도는 이미 텍스트의 의도에 의해 내포되거나 해체 후 재구성되는 까닭에 아예 고려할 필요가 없다고 주장한다. 그리고 여기에서 한발 더 나아가, 어차피 '텍스트'라는 것이 다종다양한 처지와 환경, 문화 속에서 자라 온 수없이 많은 독자들 각각의 신념과 가치의 체계에 따라 읽힐 수밖에 없으므로, 최종적으로 고려할 만한 가치를 지닌 것은 오직 '독자의 의도'밖에 없다는 식의 다소 비약적인 주장을 펼치기도 한다. 이론적인 설명이 좀 생소하게 느껴질지 모르지만, 경험적으로 볼 때 이런 극단적인 입장은 생각보다 쉽게 주위에서 접할 수 있는 문화 콘텐츠 감상 태도이다. 즉 영화나 여타 대중문화 콘텐츠 해석에 있어 누가 뭐라든 간에 독자나 관객으로서 '내가' 어떻게 느끼느냐가 가장 중요하다는 식의 주관주의적인 해석적 태도가 바로 그것이다.

이론가이기 이전에 소설가이자 창작자로서 움베르토 에코는 이렇듯 '독자의 의도'가 절대시되는 경향을 대단히 못마땅하게 여겼다. 이론가일 뿐만 아니라 자신이 직접 창작자로 활동하고 있는 문학가로서 에코는 자신의 텍스트가 원래의 의도와 아무런 관계없이 그저 독자의 의도에 따라 제멋대로 해석되고, 심지어 아전인수 격으로 '오독'되는 일련의 경향에 대해 아무런 문제 제기를 할 수 없게 된 현실에 대해 분명한 거부감을 표했다. 에코의 방식대로 말하자면 '한 남자가 문을 열고 들어왔다.'라는 텍스트는 적어도 '한 남자가 담을 넘어 들어왔다.'는 말은 아니라는 말이다. 상식적인 눈으로 볼 때 지극히 당연한 이런 말을 왜 할까 싶지만, 독자의 의도가 절대시되는 순간 누군가 '문'이라는 텍스트를 '담'으로 읽고 해석하는 것에 대해서도 그것이 잘못 읽거나 해석되었다고 지적할 수 없게 된 세태를 풍자적인 방식으로 지적한 것으로 볼 수 있다.

그럼 에코는 이전의 모더니즘 전통에 따라 저자의 의도를 강조하는 해석적 태도를 지지한 것일까? 천만의 말씀이다. 적어도 저자의 의도에 대해서만큼은 해체주의적 입장과 같은 자리에 서 있다. 즉 텍스트의 의도로 구현되지 않은 저자의 의도는 그것이 아무리 명확한 것이라 해도 독자에게는 아무런 의미나 영향력을 끼치지 못한다는 점과, 설령 그 의도라는 것이 텍스트의 의도로 구현된다 하더라도 그것이 도식적인 방식으로 독자의 의도를 임의로 조작할 수 있는 것은 아니라는 데 대체로 동의한다. 다만 일반적인 해체주의적 해석과 달리 에코는 '텍스트의 의도'를 '독자의 의도' 못지않게 중시한다. 더 정확히 말하자면 독자가 주장하는 해석의 자유는 오직 '텍스트의 의도' 안에서만 그 정당성을 유지할 수 있으며, 만약 그 범주를 벗어나 자유를 주장하는 순간 그것은 아무런 근거 없이 일방적으로 자신의 옳음을 선포하는 일종의 선언이 되고 만다.

'텍스트'의 해석에 대한 움베르토 에코의 입장을 최대한 짧고 간결하게 그리고 압축적으로 정리해 보려한 의도가 독자들에게 어떻게 전달될지 모르겠다. 다소 거칠게 에코의 이론을 통해 해석에 관한 이론적 정리를 꾀했던 이유는, '레이디 가가'는 물론 그 이전의 비기독교 내지 반기독교 문화 콘텐츠에 대해 취해 왔던 기독교계의 해석적 입장이 가진 고질적인 오류의 원인을 이론적인 측면에서 꼼꼼히 들여다보고, 이를 토대로 진정한 기독교적 해석의 가능성을 대안적인 측면에서 모색해 보기 위함이다. 필자는 텍스트의 해석에 있어 세 가지 의도, 곧 '저자의 의도', '텍스트의 의도', '독자의 의도'를 균형 잡힌 시선으로 바라봐야 한다는 에코의 입장에 공감한다. 동시에 오직 텍스트를 통해 구체적으로 구현된 의도에 한해서만 저자의 의도를 인정할 수 있다는 점과, 설령 그런 저자 및 텍스트의 의도까지도 '독자의 의도'에 대한 고려 없이 그 의미와 영향력을 규정지을 수 없다는 점 또한 동의한다. 그렇다면 이러한 해석적 차원에서 비추어 볼 때 금번 레이디 가가와 관련된 보수 기독교계의 해석적 태도가 가진 문제점이 무엇인지 구체적으로 살펴보도록 하자.


## 3. 저자

2012년 4월 말로 예정된 '레이디 가가 내한공연'과 관련하여 자칭 '한국교회언론회'가 발표한 보도자료 형식의 성명서는 레이디 가가가 동성애자인 동시에 동성애 확산에 앞장선 인물이며, 기독교를 비하하고 조소하는 사탄주의적인 가수이고, 음란과 우상

숭배를 권하는 사악한 존재이기 때문에 내한공연을 금지해야 한다고 주장한다. 성명서는 또한 지난 2010년에 가족 내 동성애 문제를 주요한 이슈로 삼아 화제가 되었던 드라마 "인생은 아름다워"를 같은 맥락에서 동성애 확산을 조장한 문제작으로 비판했다. 같은 방식의 주장은 과거 '마릴린 맨슨'의 내한공연 때에도 기독교를 표방한 유사 단체들에 의해 사용되었는데, 그의 공연이 사탄을 숭배하고 폭력과 섹스를 조장하는 반기독교적인 내용으로 한국의 수많은 청소년들을 타락과 방종의 나락에 빠뜨릴 것이라 경고하였다. 좀 더 거슬러 올라가면 팝의 황제로 일컬어지는 마이클 잭슨의 내한공연에도 부정적 영향력에 대한 우려와 반대의 목소리가 있었다.

비록 음악적 경향과 퍼포먼스 형식이 다른 가수들이었고, 실제 반대를 주도한 단체들도 각기 다른 성격의 기독교 단체들이었음에도 불구하고 이러한 사례에서 쉽게 공통점을 찾아볼 수 있다. 그것은 앞서 살펴본 바와 같이 해석에 있어 고려해야 할 세 가지 의도 가운데, 무엇보다 '저자의 의도'에 절대적인 중요성을 둔다는 점이다. '레이디 가가'는 주로 동성애와 음란성이, '마릴린 맨슨'은 폭력과 선정성, 사탄주의적 태도가, '마이클 잭슨'은 유아 성애 스캔들과 음란성이 문제가 되었다. 음악이나 퍼포먼스와 같은 텍스트 이전에 우선 창작자이자 저자인 각 뮤지션들의 삶과 인생의 지향성 자체가 심각한 문제가 있다는 해석이다. 특히 '레이디 가가'나 '마릴린 맨슨'의 경우 반기독교적인 가치관을 가지고 일관된 삶을 살아가고 있는 것은 물론, 그들이 만든 음악이나 퍼포먼스가 그러한 가치관을 전달하고 확산시키는 매개 역할을 하고 있기 때문에 위험하다는 논리이다. 그러나 저자의 가치관이나 신념이 만들어진 '텍스트'에 그대로 반영되고, 이를 소비하고 즐기는 사람들에게 그런 의도가 고스란히 전달된다는 식의 보수 기독교계의 주장은 예술 영역에서는 거의 인정되지 않는, 말그대로 일방적인 억지 주장에 가깝다. 그것은 마치 예술의 세계가 수학 공식과 같아서 늘 정해진 방정식에 따라 고정된 정답이 도출된다고 믿는 것만큼이나 예술에 대한 몰이해를 드러내는 태도에 다름 없다. 왜 그럴까?

예술에 있어 작가와 작품 그리고 독자의 관계에는 언제나 명확하지 않은, 그런 까닭에 해석을 요하는 모호한 영역이 존재한다. 예술 자체가 명료성을 지향하는 수학적 체계와는 근본적으로 다른 가치 기준을 가진 까닭이다. 이러한 예술의 성격을 잘 드러내는 단어가 바로 '메타포(은유)'이다. 과거 권위주의 시절에 학교에서는 '시'의 주제를 명료한 하나의 정답으로 정해 똑같은 답을 강요하고는 했다. 하지만 시대가 바뀐 오늘날 시의 주제를 단 하나의 정답으로 간주해 옳고 그름을 따지는 모습을 찾아보기 힘들다. 물론 시의 주제로 예상할 수 있는 범주 안에서 보다 설득력 있는 답과 그렇지 않은 답에 대해 토론을 해볼 수는 있겠으나, 시를 해석할 때 단 하나의 해석만이 존재해야 한다는 식의 주장은 더 이상 받아들여지지 않는다. 이렇듯 예술의 본질을 잘 드

러내는 텍스트의 '은유적 속성'은 늘 무한한 해석의 여지를 남겨
둔다. 이런 여지는 해석자로서 독자에게만이 아니라, 창작자에게
도 예술 행위에 있어 자신의 능력과 계산으로 완벽히 조절할 수
없는 어떤 '여지'의 가능성을 만들어 낸다. 거듭 강조하지만 그것
이 소설이든, 영화든, 미술이든 간에, 예술가가 다루어야 하는 제
재나 소재는 명료함으로 무장한 수학적 공식들과는 차원이 다른
것들이다. 그러므로 아무리 작가가 어떤 구체적인 의도를 가지고
작품을 만들려 해도, 거기에는 필연적으로 은유적인 속성이 개
입된 캐릭터나 형상, 멜로디, 이미지 등의 예술적 요소를 사용할
수밖에 없는 창조의 과정을 거치게 된다. 이렇듯 '작가의 의도'가
'텍스트의 의도'로 구현될 때는 어쩔 수 없이 본래의 '저자의 의
도'의 일정 부분이 손실되게 되지만, 이는 역설적으로 작가의 의
도가 텍스트의 의도와 만나 작품의 함의를 보다 풍성하게 만들
어 주는 예술 특유의 상호작용을 창조해 낸다.

　이런 측면에서 단지 문화, 예술 콘텐츠 창작자가 설령 '동성애'
나 '양성애'와 같은 사회 통념상 자연스럽지 않은 성적 취향을 가
졌다는 이유로, 또는 특정 종교적 가치관에 경도되었거나, 심지어
무신론적인 신념을 가졌다는 이유로, 혹은 사생활이 윤리적으로
나 성적으로 문란하다는 이유만으로 그가 만들어 낸 영화나 음
악, 소설 등이 그러한 '작가의 의도'에 오염되어 저급한 어떤 것이
라고 판단하는 시각은 예술 창작 과정의 몰이해를 드러내는 무지
의 소치가 된다. 예술의 세계는 고매한 인품을 가진 신실한 신앙

인으로서 예술가가 논평할 가치조차 없는 저급하기 이를 데 없는 작품을 만들 수도 있고, 반대로 사회윤리적으로 지탄받는 작가가 탁월한 통찰력으로 역사에 남는 위대한 예술 작품을 만들 수도 있다. 이를 잘 보여 주는 텍스트가 자타가 걸작으로 손꼽는 영화 "아마데우스(Amadeus)"이다. 영화 속 살리에르는 신실한 신앙을 가지고 윤리적으로 본받을 만한 삶을 살아가며, 최선의 노력을 다해 작품을 만들지만 '범작' 수준을 넘어서지 못한다. 이에 비해 모차르트는 술과 여자에 둘러싸인 방탕한 삶을 살면서, 심지어는 주점에서 술에 취해 거꾸로 누워 피아노를 쳐도 탁월한 '걸작'을 만들어 낸다. 살리에르는 자신이 믿는 신을 의심할 수밖에 없었다. 자신처럼 신실하게 신을 섬기는 자에게는 그저 범작 정도를 만들 수 있는 재능밖에 주지 않으면서, 방탕한 모차르트에게는 천재적인 재능을 부여하는 신이라면 그것은 믿고 따를 가치 없는 신이다. 살리에르의 은밀한 '배교'는 예정된 수순이었다. 그러나 살리에르가 성경을 정확히 읽었다면 귀히 쓸 그릇과 천히 쓸 그릇을 정하시는 것이 전적으로 하나님의 손에 달려 있고, 이에 따라 하나님께서 자신이 원하는 자에게 원하는 것을 주실 수 있는 분이시라는 점을 발견할 수 있었을 것이다. 물론 그렇게 쓰임 받는 자가 반드시 구원에 이르는 것은 아니다. 바로 이것이 예술의 세계가 지닌 예측할 수 없는 미묘함이다.

'저자의 의도'는 존중되어야 하고 고려되어야 한다. 하지만 이것이 '텍스트의 의도'를 선입견의 색안경을 쓰고 바라보게 하는 것이라면, 그것은 있는 것보다는 없는 편이 훨씬 낫다. 오랜 세월 동안 한국의 보수적인 크리스천들은 '저자의 의도'를 선입견적 판단의 근거로 삼은 후, 이를 해당 저자들이 만든 음악, 영화, 소설 등에 덮어씌워 왔다. 하지만 언제나 이런 주장은 해당 작품의 창작자들은 물론 일반 대중의 거센 반발에 부딪혔다. 독자 혹은 관객, 시청자들의 강력한 저항 원인 중 하나는 바로 앞서 언급한 바와 같이 저자의 의도가 어떻게 텍스트의 의도로 구현되었는지에 대한 아무런 근거로 제시하지 않은 채, 그저 저자가 이러저러한 생각을 가지고, 이러저러한 삶을 살았던 사람이니까 그의 음악이나 영화도 작가와 마찬가지로 쓰레기 같은 작품들이라는 식의 논리적 비약을 일삼은 것에서 기인한 바가 크다. 금번 레이디 가가 사태의 경우에도 한국교회언론회의 보도자료를 보면 동성애자인 레이디 가가의 공연이 이루어진 곳마다 동성애가 확산되었으며, 그녀가 내한공연을 하게 될 경우 한국에도 동성애를 허용하는 문화가 확산될 것이라고 강조하고 있다. 하지만 영상물도 아닌, 제한된 시공간에서 제한된 수의 관객만 입장할 수 있는 몇 회 안 되는 콘서트가 어떻게 이성애 중심적인 한국 사회의 근간을 흔들 수 있는지에 대한 구체적인 논거는 전혀 제시하지 않고 있다.

실제로 우리가 일상적으로 접하는 TV 드라마나 영화, 광고 같은 매체에는 이성애적 표현이 압도적이다. 기독교계가 줄기차게 주장해 왔듯이 세상이 이성애적 삶의 구조로 창조되고 유지되고 있다면, 레이디 가가를 비롯한 동성애적 취향을 가진 성적 소수자들의 활동이 세상의 질서를 너무나 쉽게 뒤집을 수 있다고 보는 것은 논리적 비약일 수 있다.

### 4. 텍스트

그럼에도 불구하고 '레이디 가가'나 '마릴린 맨슨'의 경우 공히 비기독교를 넘어 반기독교적인 '저자의 의도'가 단지 의도로 머물러 있는 선을 넘어, 음악이라는 구체적인 '텍스트의 의도'로 표현되고 있지 않은가에 문제를 제기할 수 있다. 실제로 금번 레이디 가가와 관련해서 '한국교회언론회'의 보도자료에는 그녀의 3집 앨범 타이틀 곡인 "Born this way"와 "Judas"의 가사를 부분적으로 번역해 게시하면서 그녀의 음악에 동성애 조장과 반기독교적인 요소들이 노골적으로 들어 있다고 목소리를 높인다.

여기서 우리가 생각해 봐야 하는 것은 음악에 있어서 '텍스트'가 의미하는 것이 무엇인가에 대한 부분이다. 음악에 있어 '가사'는 음악적 텍스트를 구성하는 하나의 요소이다. 음악에 대해 전문성을 가지지 못한 이들도 음악이란 가사보다 리듬과 템포, 멜로디 등 음악의 본질적 요소들이 보다 중요한 '텍스트'로 작용한다는 것을 인정한다. 동시에 '비주얼 컬처(visual culture)'로 일컬어지는 현대 대중문화의 이미지 지향적인 속성은 음악을 단지 듣는 것에 그치지 않고 시각은 물론 온몸을 통해 체험하는 일련의 총체적 행위로 확장시켜 놓았다. 특히 레이디 가가는 노래보

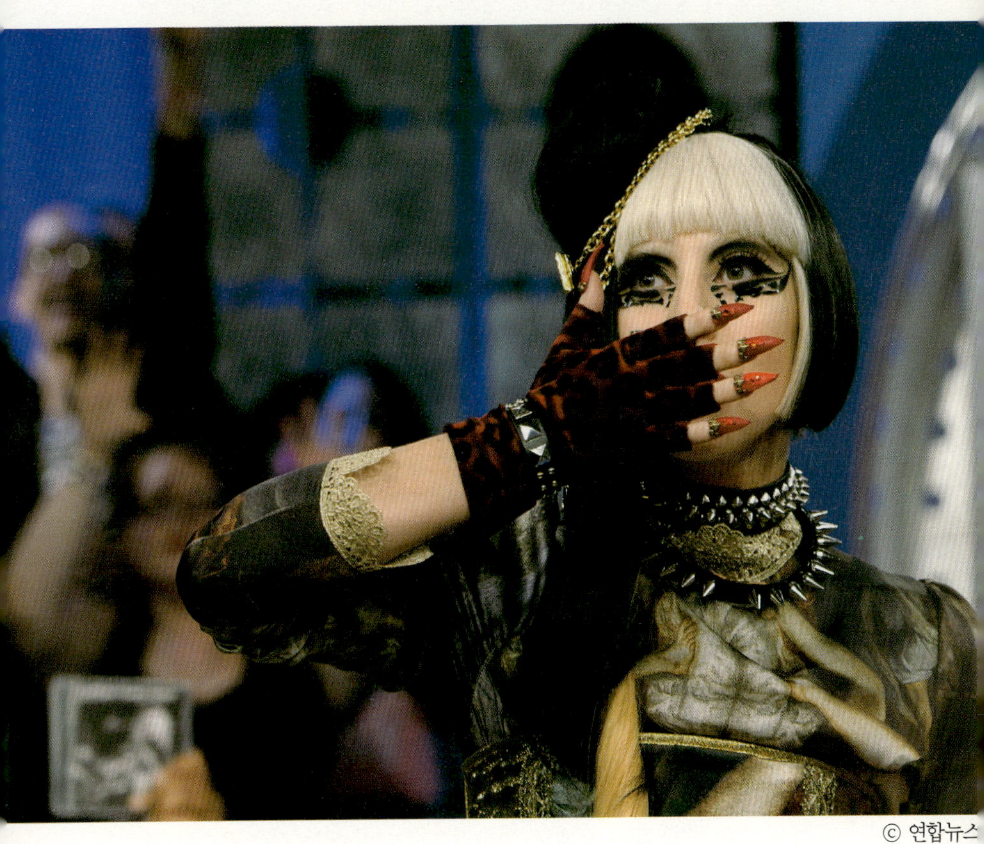

© 연합뉴스

다 파격적인 의상과 무대 그리고 이를 뛰어넘는 충격적인 퍼포먼스로 더 잘 알려져 있다. 늘 창조적인 에너지로 새로운 형식을 만들어 내는 그녀에 대해 서구 예술계에서는 팝 음악의 가수라기보다는 오히려 '퍼포먼스 아티스트'로 분류하기도 한다.

'의상'에 맞추어 곡을 쓴다고 말한 바 있는 일종의 행위예술가로서 레이디 가가에게 '가사'는 총체적인 예술적 표현에 있어 일부분에 불과하다. 그녀에게 있어 보다 중요한 것은 패션과 춤과 퍼포먼스 그리고 음악의 리듬과 멜로디가 한데 어우러져 전해지는 전체적인 이미지와 그것이 전달하는 총체적인 느낌과 메시지이다. 만약 누군가 레이디 가가의 '텍스트의 의도'를 비판하고자 한다면 단지 표면에 불과할 수 있는 '가사'의 윤리성, 종교성만을 논하는 수준에서 나아가, 앞서 언급한 다양한 예술적 텍스트를 아울러 분석해 그 문제점을 제기해야 마땅하다. 그간 대중문화 콘텐츠를 비판해 온 기독교계의 입장이 의도와 달리 폄훼되는 가장 큰 요인 중 하나가, 그 대상이 영화든, 가요든, 드라마든, 음악이든, 그림이든, 소설이든 상관없이 모든 예술을 단지 줄거리로, 가사로, 주제 혹은 소재로, 최종적으로는 이 모든 것을 윤리와 도덕이라는 잣대로 재단하려는 편벽된 태도에 있다. 이러한 태도가 강조되는 순간, 의도와 관계없이 기독교계는 스스로 예술적 텍스트에 문외한임을 자인하게 된다.

이러한 측면에서 좀 더 넓은 시각에서 레이디 가가의 예술적 텍스트의 의도를 살펴보면, 국내의 보수 기독교계가 주장하는 것처럼 종교로서의 기독교에 대한 반감이나, 동성애 확산을 위한 의도로 보기 힘든 지점이 발생한다. 예를 들어 "Judas" 등 여러 곡에서 사용되고 있는 예수, 유다 등 성경인물들에 대한 언급이나, 하나님이나 교회에 대한 표현에 대해서 생각해 보자. 서구 예술사를 살펴보면 20세기 아방가르드 예술의 역사는 삶을 옥죄는 진부한 관습으로 변질된 전통과 기성화되어 하나의 억압적 체계로 변질된 규칙과 규범, 질서에 저항하는 일련의 몸부림으로 가득 차 있음을 발견할 수 있다. 이런 예술가들에게 있어 '기독교'는 정치, 사회, 문화적인 기득권을 지속적으로 유지하려 하는 동시에, 모든 이들에게 그런 체제 순응적인 일상을 강요하는 일련의 억압적 질서를 상징한다. 다시 말해 아방가르드 예술가들에게 공공의 적으로 지목된 '기독교'는 예수로 말미암아 거듭난 존재로서 돈과 섹스와 권력의 유혹으로부터 완전히 자유로운 존재로서 탐욕에 찌든 삶을 뒤집어엎는 어떤 것이 아니라, 오히려 그러한 의지를 거세하여 기존의 기득권 세력이 지속적으로 자신의 정치, 경제, 사회, 문화, 종교적 권력을 유지하게 돕는 타락한 세력의 상징물이었다. 이런 까닭에 오랜 세월 동안 서구 사회의 지배적인 가치와 신념 체계를 자처했던 기독교는, 20세기에 이르러 자본주의의 탐욕과 기술만능의 우상 그리고 만연한 비인간화로 신음하는 현실과 더불어 이 모든 악을 낳은 근원으로 의심받기에 이르렀다. 시대의 깨어 있는 선지자를 자처했던 수많은 젊은 예술가들이 위선과 허위를 파괴하기 위한 소재로 기독교적 상징이나 사인을 즐겨 사용한 까닭이 여기에 있다.

이런 관점에서 살펴보자면 레이디 가가의 파격적인 의상이나 문화적 터부를 건드는 충격적인 퍼포먼스, 무엇보다 기독교적 소재를 모독적인 방식으로 사용하는 표현은 실상 새로운 어떤 것이 아니다. 오히려 의도 자체는 이미 20세기 예술가들이 다 해 놓은 것을 반복하고 있는 것에 불과하다고 말할 수 있다. 그럼에도 불구하고 그녀의 '파격'이 여전히 유효한 이유는 20세기의 아방가르드가 말그대로 '전위', 즉 대중과 분리된 채 '최전방'에서 난해하기 이를 데 없는 예술행위로 자기들만의 전투를 벌였던 데 비해, 레이디 가가는 이를 철저히 통속화함으로써 대중친화적인 문화 콘텐츠로 만드는 데 성공한 것에 있다. 안타까운 점은 20세기 예술가들에게도 유효했던 '기독교'라는 상징을 이용한 사회 기득권 세력에 대한 풍자와 조롱, 비판의 전략이 21세기 대중문화의 아이콘으로 자리 잡은 레이디 가가의 전략으로도 여전히 그 유효성을 잃지 않고 있는 현실이다. 어떻게 보면 그녀의 내한공연을 반대하면서, 19세 등급을 넘어 아예 법적으로 공연 금지를 요구하고, 콘서트를 후원하는 회사의 카드를 해지하며, 과장과 비약으로 가득한 거의 일방적인 비방에 가까운 반대 메시지를 원치 않는 사람들에게도 보내는 것은 그녀의 엽기적인 기독교 비판에 오히려 힘을 실어 주는 배경으로 작용하고 있다고 해도 과언이 아니다.

물론 의도가 어떻든지 취향이나 가치관에 있어서 특정 예술가나 그의 작품이 싫을 수 있다. 여기에 추구하는 신념에 따라 레이디 가가의 메시지나 표현이 잘못된 것이라고 비판할 수 있는 권리는 누구에게나 정당하게 존재한다. 하지만 이렇게 '부정'할 수 있는 권리를 주장하기 위해서는 똑같이 누군가 그녀의 공연이나 음악, 퍼포먼스를 '긍정'할 수 있는 권리를 가지고 있다는 엄연한 사실을 부정해서는 안 된다. 또한 내가 원치 않을 때 레이디 가가를 보지 않을 권리가 있고 나아가 누군가 그녀의 퍼포먼스나 음악이 예술적으로 탁월하다는 이유로 내게 보기를 강제할 수 없는 것처럼, 레이디 가가의 공연을 좋아하고 보기 원하는 사람들이 그녀의 콘서트를 보러 가는 것을 억지로 막아서는 안된다.

## 5. 독자

이제 마지막으로 '독자의 의도'를 살펴볼 차례이다. '선정성'과 '폭력성' 그리고 '악한 영성' 등의 단어로 상징되는 일부 대중문화 콘텐츠에 대한 보수적인 기독교계의 반대운동에 늘 등장하는 것은 다수 선량한 시민 혹은 연약한 크리스천에 대한 악영향에 관한 우려의 목소리이다. 잘못된 가치관이나 신념을 가진 '작가의 의도'가 늘 '텍스트의 의도'를 통해 구현되는 것은 아니지만, 레이디 가가나 마릴린 맨슨과 같은 경우처럼 나름 선명한 연관성을 찾을 수 있는 문화 콘텐츠가 적지 않은 게 사실이다. 만약 그렇다고 한다면, 이런 비기독교 혹은 반기독교적인 '저자' 및 '텍스트'의 의도가 그것을 보거나, 듣거나 읽는 독자에게 영향을 미칠 수 있다는 것은 지극히 당연한 귀결이 아닐까?

결론부터 얘기하자면 그런 영향은 미칠 수도 있고 전혀 아닐 수도 있다. 예를 들어 불심이 깊은 한 조각가가 부처상을 만들거나, 혹은 불교 미술을 대표하는 탱화를 그린다고 가정해 보자. 기독교적인 입장에서 당연히 그 예술가는 잘못된 가치관과 신념에 따른 '저자의 의도'를 가지고 있으며, 이를 신심을 가지고 최선을 다해 작품으로 형상화시켰다는 측면에서 그 의도를 '텍스트의 의도'로 상당 부분 구현해 냈다고 가정해 볼 수 있다. 그렇다면 당연히 그 불상이나 탱화를 보는 사람들에게 그런 영향력이 전달되었다고 할 수 있을까? 만약 이런 식의 맥락이 타당하다면 적어도 크리스천들은 세계 유수의 박물관 근처에 발을 딛지도 못할 것이다. 왜냐하면 루브르나 대영박물관 같은 곳에 전시된 세계 각지의 유물들은 대개 '신전'에서 출토된 유물들이기 때문이다. 대부분의 전시품들은 돈이나 벌기 위해 만든 것이 아니라, 신을 향한 신심으로 그 영향력이 보거나 듣는 이들에게 전해지기를 기원하면서 만든 신상과 신전들이다. 악한 기운이 자연스레 그곳을 방문한 크리스천과 그의 영성에 심각한 위해를 가할 것이다. 말도 안 되는 억지라고 생각되는가? 실상 악한 영성에 의한 영향력을 강조하는 크리스천의 태도에 불신자들이 갖게 되는 마음도 그것이다.

그렇다면 다시 물어보자. 신심으로 만든 불상이나 탱화가 그것을 감상하는 사람에게 영향을 끼칠 수 있을까? 끼칠 수도 있다! 만약 감상자가 독실한 불교신자이거나 불교에 심취해 귀의하고자 한다면 그들은 분명 영향을 받게 된다. 왜냐하면 그들은 이미 '저자의 의도'와 '텍스트의 의도' 모두에 동의하며, 영향을 받기로 작심하고 그 앞에 서기 때문이다.

하지만 그런 저자나 텍스트의 의도 모두가 '비진리'라고 생각하는 크리스천이 왜 그런 콘텐츠로부터 영향을 받는다고 믿는 것일까? 적잖은 크리스천들이 오해하는 것처럼 나와 다른 가치와 신념을 가진 이들이 만든 영화나 음악을 즐기고 좋아한다는 것이 곧 그들이 표방하는 바를 믿고 긍정한다는 뜻은 결코 아니다. 우리는 동조하지 않으면서도 즐기고 경험할 수 있다. 바로 이것이 '독자의 의도'가 가진 힘이다.

'독자의 의도'란 독자 혹은 관객이 작품을 접하기 이전부터 필연적으로 가지고 있을 수밖에 없는 나름의 문화나 관습, 가치관이나 신념의 체계를 뜻한다. 물론 이것이 강한 사람이 있고 상대적으로 약한 사람이 있을 수 있지만, 이런 것이 아예 없는 사람은 존재하지 않는다. 이런 연유로 전반부에 서술한 것처럼 후기 구조주의 문학 비평가들은 저자나 텍스트의 의도보다 '독자의 의도'가 해석에 있어 가장 핵심적인 역할을 한다고 주장하였다. 실제로 독자의 의도가 분명한 사람일수록 심지어는 텍스트의 의도를 자신의 맥락으로 가져와서 새롭게 해석해 내는 경향이 선명하다. 예를 들어서 페미니스트라고 하면 어떤 텍스트를 보더라도 여성주의적 입장에서 성 역할이 어떤 관점으로 형상화되고 있는

가를 해석해 내며, 마르크시스트라고 한다면 경제 계급적인 차원에서 텍스트 속 캐릭터의 상호 관계를 해석하게 된다. 여기에 크리스천이라고 예외일 수는 없다. 만약 표면적인 종교인이라면 예외겠지만, 진정한 삶의 가치와 의미를 궁극적인 기독교 신앙에 기초하여 살아가는 사람이라고 한다면, 어떤 문화적 텍스트를 접한다 해도, 이를 하나님의 마음과 뜻, 의지, 그분의 시선과 통찰력에 따라 그 가치 유무를 판단하는 것이 당연하다.

다시 레이디 가가 사태로 돌아오자. 분명 레이디 가가는 기독교의 가르침과는 다른 삶의 가치와 취향을 얘기하는 부분이 있다. 그리고 그녀는 이런 의도를 말만이 아닌 삶과 노래, 퍼포먼스로 일관성 있게 표현하는 탁월한 능력을 소유한 예술가이기도 하다. 다소 거친 방식이기는 하나 보수적인 기독교계가 비판하는 것이 아무 근거 없는 이야기는 아니라는 말이다. 그러나 그렇기 때문에 레이디 가가의 공연이나 음악을 보거나 듣는 사람들이 그런 메시지를 그대로 받아들이게 된다는 식의 주장에는 오류가 내포되어 있다. 물론 레이디 가가를 신봉하고 그에 따라 성 정체성의 취향에 따른 선택에 동의하며, 나아가 그것이 사타니즘이되었든, 신비주의적인 영성이 되었든 간에 그녀의 모든 것에 매료된 어떤 독자나 관객이라고 한다면 기독교계가 우려하는 영향을받을 수 있을지도 모른다. 하지만 왜 크리스천들이 또 레이디 가가에 별다른 관심을 가지지 않은 대다수 일반 시민들이 그런 영향에 빠져 타락하고 파멸에 이르게 될 것이고 주장하는 것일까?

이러한 주장이 유효하려면 한 가지 전제가 필요한데, 그것은 크리스천을 비롯한 대다수 독자나 관객들이 '독자의 의도'가 전혀 없는 백지와 같은 존재여서 그저 앞에서 뭔가 펼쳐지고 전해지면 그것을 무비판적으로 수용해 버릴 수밖에 없는 상태라는 전제이다.

결국 '독자의 의도'라는 관점에서 보면, 레이디 가가의 가치관과 신념에 동의하지 않으면서도 그녀의 노래를 즐길 수 있다는 것은 전혀 모순이 아니다. 마찬가지로 그녀의 성적 취향에 동의하지 않으면서도 예의 파격적인 패션과 퍼포먼스를 즐길 수도 있다. 심지어 레이디 가가의 '가사'에 동의하지 않지만, 세련된 '후크송'으로서의 음악적 멜로디와 리듬을 즐길 수 있다. 실제로 영어권이 아닌 국가에서 그녀의 노래 속 가사는 번역된 의미가 아니라 일종의 '사운드'로 즐겨진다. 기어코 레이디 가가의 심란한 가사를 자국어로 친절하게 번역해서 널리 알려 주는 일을 '한국교회언론회'가 도맡고 있는 양상이다. 저자의 의도를 '반'하고, 텍스트의 의도를 '탈'하여 독자의 의도로 즐기는 행위는 거듭 강조하지만 모순된 어떤 것이 아니다. 크리스천에게 있어 이는 도리어 세상의 그 어떠한 것도 그리스도의 사랑으로부터 우리를 끊어 낼 것이 없음을 믿는 믿음 안에서만 누릴 수 있는 담대함이요, 여유이다. 이런 여유를 가지지 않고 죄와 어둠으로 가득 찬 세상을 품을 수 있는 긍휼 어린 마음을 갖는다는 것은 불가능하다.

## 6. 에필로그

독자가 이 글을 읽게 될 무렵, 그렇게 소란스럽던 레이디 가가의 공연은 흔적도 없이 사라지고 다시 시끌벅적한 일상이 그 빈자리를 차지하고 있을 것이다. 일부이긴 하지만 전체를 대표하는 것으로 오인되었던 보수적인 기독교계가 레이디 가가와 맞부딪혀 얻은 것은 무엇이고 잃은 것은 무엇일까? 냉정하게 보자면 얻은 것은 거의 없지만, 잃은 것은 그보다 많다고 할 수 있다. 혹자는 타락한 문화에 대한 반대와 악한 영적 영향력에 대한 경고로 크리스천은 물론 일반인들에게 긍정적인 영향력을 끼쳤노라 강변할 수 있을지 모른다. 하지만 과연 기독교계의 반대운동을 통해 그녀의 공연을 즐기려 했던 이들이 발걸음을 돌이켰을 것이라고 상상하기는 어렵다. 오히려 별다른 관심도 가지지 않았던 대다수 청소년을 비롯한 일반 대중으로 하여금 레이디 가가의 음악과 퍼포먼스에 대해 능동적인 관심을 가질 수 있는 계기를 제공했다고 보는 편이 더 타당하다. 그나마 의의를 찾자면 청년 문화에 대해 찡그린 얼굴로 쳐다보기 마련인 사회 보수층으로부터 사회의 질서와 안녕을 지키는 것은 기독교라는 빛바랜 인정을 얻을 수 있었을지 모른다.

하지만 이런 미미한 대가에 비해 잃은 것은 너무나 크다. 무엇보다 금번 사태를 통해 기독교인들은 자신들의 종교적, 문화적 취향과 다른 일체의 문화를 공공연하게 거부하는 일종의 '근본주의'적 종교심을 가진 집단으로 매도당하는 것을 자초하였다. 특히 '동성애'와 관련해서는 거의 적개심에 가까운 언사를 쏟아 냄으로 삶의 변방에 위치한 사회적 약자와 비주류의 삶을 살아가는 이들을 외면한 것은 물론 적극적으로 이들을 제거하려는 폭력적인 집단이라는 비난에 직면했다. 그러나 조금만 생각해 보면 이런 위치에 서 있는 '한국 기독교'는 2천 년 전 예수 그리스도로 말미암아 시작된 참된 기독교와 상당한 거리가 있음을 알 수 있다.

오늘날 한국 교회가 거부하는 동성애, 혼전 관계, 낙태, 이혼, 간음, 프리섹스 등을 일삼는 이른바 '스캔들 메이커(Scandal-maker)' 들은 2천 년 전 예수 근처에 가득했던 창녀, 세리, 문둥병자 등 당대의 스캔들 메이커들과 같다. 예수는 천상의 자리는 물론 이 땅에서의 고귀한 자리를 기꺼이 버리고 가장 낮고 천한 자리에서 끊임없이 유대 사회에 물의를 일으켰던 자타공인 '죄인'들과 함께하는 삶을 선택하셨다. 바리새인들이 견딜 수 없었던 것은 죄인들, 곧 당대의 스캔들 메이커들과 어울려 다니는 예수가 스스로를 하나님의 아들이라 칭한다는 것이었다. 복음서를 통해서 예수는 창녀와 세리, 병자들을 정죄하거나 비난하기는커녕, 그들을 먼저 감싸고 품으셨다. 이와는 대조적으로 거룩과 의로움으로 옷 입었다 자처하면서 주위의 스캔들 메이커들을 판단하고 정죄하기 바빴던 바리새인과 서기관, 율법사들에게는 '타인의 삶을 긍휼 없는 시선으로 판단한 너희들 역시 하늘나라에서 긍휼 없는 심판을 받을 것'이라고 하셨다.

'레이디 가가 사태'는 결과적으로 한국 교회가 예수의 뒤를 따르고 있는지 아니면 바리새인의 길을 따르고 있는지를 만인 앞에 폭로하는 사건이 되고 말았다. 어떻게 보면 문제의 본질은 레이디 가가의 동성애 성향이나 음란성, 악한 영성에 관한 것이 아니라, 도리어 그런 대상을 통해 적나라하게 드러나 버린 한국 기독교의 일그러진 자화상이다. 아이러니하게도 한국 교회는 레이디 가가에 빠져 있는 시대의 구원자를 자처하다가, 오히려 레이디 가가라는 함정에 빠져 버린 형국이 되었다. 그러나 이번 사태를 통해 보수적인 크리스천들이 문화 콘텐츠를 대하는 자신들의 해석적 태도가 지닌 문제점을 인식하고, 나아가 참된 그리스도의 마음으로 세상을 품는다는 것이 무엇인지를 반성적으로 되돌아보며, 진정 회개하는 마음으로 다시 시작할 수만 있다면 이번 사태는 말 그대로 전화위복이 될 수 있다. 바리새인들을 향한 예수의 서릿발 같은 외침이 정죄라기보다는 죄를 깨닫고 돌아오기를 바라는 아비의 심정이었던 것처럼, 레이디 가가 반대운동에 앞장선 기독교를 향해 더 큰 반대의 목소리를 높였던 세상의 항의 속에는 그런 돌이킴을 간절히 기다리는 하나님의 마음 한 자락이 자리잡고 있는지도 모른다.

박준용.
총신대학교 신학과 졸업 후 한양대학교 연극영화과에 진학하여 공연예술학으로 학부와 대학원을 마쳤다. 연극 〈해피엔드〉와 영화 〈유령〉 등 다수의 작품에 출연한 경력이 있으며, 현재 한양대와 총신대, 서울과기대, 백석대학원 등 여러 대학과 대학원에서 강사로 사역하고 있다. 기독교 영역에서는 청어람 아카데미에서 문화, 예술영역 기획과 강의를 맡고 있고, IVF 등 여러 선교 단체와 교회에서 기독교 문화, 예술관 강의를 통해 주로 청년, 대학생들과 만나고 있다.

주

1) 움베르토 에코, 『해석이란 무엇인가』, 손유택 역, 열린책들, 1997.
2) 롤랑 바르트, 『텍스트의 즐거움』, 김희영 역, 동문선, 2002.

# 05

# 레이디 가가와, 기독교 대응방식
## - 성찰을 통한 대안 찾기

### 1. 베토벤은 틀렸다

20세기 전위예술 음악가로 유명한 존 케이지(John Cage)는 혁신적인 개념으로 20세기 중반의 음악에 깊은 영향을 끼친 사람이다. 그가 '베토벤은 틀렸다'라고 말해서 분란을 일으킨 이야기는 유명하다.[1] 케이지는 조성주의와 반복으로 구성된 음악을 기피하면서 미국 음악의 급진적 입장 부근을 맴돌았다. 그는 유럽식으로 '심오함의 유행'에 젖어 있는 풍토라는 껍질을 벗겨 내는 예비 작업을 수행했다.

그런 케이지가 1952년 블랙마운틴 칼리지에 모인 군중 앞에서 베토벤은 목적 지향적인 화성적 화법을 구축함으로써 여러 세대의 작곡가들을 잘못 이끌었다고 말했다. 그보다는 음악이 순간순간 펼쳐지도록 내버려 두었어야 했다는 것이다. 그는 뉴욕의 청중 앞에서 "베토벤은 틀렸다!"고 선언하였다.

케이지의 발언을 흘낏 들었던 시인 존 애시버리(John Ashbery)

는 여러 해 동안 그 발언의 진위를 궁금해 했다. 애시버리는 케이지에게 가서 말을 건넸다.

"나는 당신이 베토벤에 대해 무슨 말을 하는 걸 들었소. 난 항상 궁금했는데…."

그러자 케이지는 빛나는 눈으로 말했다.

"베토벤은 틀렸소!"

그는 다시 선언했다.

"베토벤은 틀렸다고!"

그리고는 가버렸다.

누가 감히 위대한 음악가의 고전으로 존경받는 베토벤을 틀렸다고 말할 수 있는가 싶지만 케이지는 그 말을 내뱉었다. 도발적인 것을 넘어 무례하기까지 하다고 할 수 있다. 그러나 케이지는 베토벤처럼 하는 것이 틀렸음을 입증해 보였다.

베토벤에 대한 케이지의 단호한 거부는 서사시의 형태로 에릭 사티(Eric Satie)의 피아노 작품인 "분노(Vexations)"를 하루 종일 연주하는 방식으로 나타났다. 이 곡의 원래 악보는 고작 한 페이지에 불과하며 연주하는 데 1, 2분이면 충분하다. 그런데 페이지 위쪽에는 이런 말이 적혀 있었다.

'이 모티브를 840번 연주하려면 먼저 그리고 극도로 조용하게, 심각하게 부동자세로 준비 자세를 갖추어야 할 것이다.'

케이지는 이 문장을 액면 그대로 받아들여 1963년 9월 9일과 10일 뉴욕의 포켓 씨어터에서 그 곡을 완벽하게 소화했다. 열두

명의 피아니스트가 팀을 이루어 오후 6시부터 다음 날 12시 40분까지 연주했다.

연주 장소에는 시계가 마련되어 있었고, 후원자들이 연주자가 들어오고 떠날 때의 시간을 체크했다. 청중들은 연주회장에서 20분이 지날 때마다 5센트를 돌려받았다. 전체 연주를 다 들은 사람들은 20센트의 보너스를 추가로 받았다. 오프 브로드웨이 연극배우인 칼 쉔처라는 사람이 전액을 모두 돌려받은 유일한 청중이었는데 그는 거의 열아홉 시간을 그곳에 앉아 있었다.

"나는 고양된 기분이다. 전혀 피곤하지 않다."

쉔처는 《타임》지에 이렇게 말했다.

"시간? 시간이 뭔데? 이 음악에서는 예술형식의 다양한 면모들 사이의 이분법이 해체된다."

참고로 현대미술의 거장 앤디 워홀이 연주의 일부를 들었는데, 그는 다음 해에 엠파이어스테이트빌딩을 촬영한 여덟 시간짜리 영화를 찍을 때 이 경험을 상기했다고 한다.

고전음악의 거장 베토벤을 틀렸다고 선언한 케이지의 음악 연주는 그야말로 파격으로서 베토벤이 틀렸다는 사실을 세상에 알리는 전위행위였다. 청중으로 하여금 그 사실을 음악으로 입증한 것이다. 더욱이 그 연주로 새로운 예술 작품의 탄생까지 도왔다. 이렇듯 예술에서 파격은 눈살 찌푸리는 것이기도 하지만 새로운 창조를 자극한다. 이런 면에서 예술을 비판하거나 거부하는 일은 간단히 논할 문제가 아니다. 또한 예술은 예술로 입증하며 비판해야 설득력을 가진다는 점도 깨닫게 된다.

파격적이고 기이한 예술행태에 대한 논란은 언제나 일어나기 마련이다. 그러나 그것도 시대와 상황이 바뀌면서 금지와 허용이 뒤바뀌며 거부와 환영이 교차한다. 그럼에도 파격적인 행태의 예술 문화 현상이 일어나면 언제나 똑같은 논란이 뜨겁게 일어나곤 한다. 이런 면에 비추어 볼 때 레이디 가가의 한국 공연이 다가오자 논쟁이 일어나는 것은 자연스러운 일이다. 레이디 가가의 공연이 갖는 파격성으로 인해 한국 사회와 교회가 비판과 반대의 목소리를 높이고 있다.

이런 상황에서 우리 그리스도인은 어떤 입장을 정리해야 하는가? 반대의 태도를 지향해야 하는가, 아니면 허용의 태도를 가질 것인가? 이도 저도 아니라면 어떤 태도로 레이디 가가의 공연에 대응해야 하는가? 단순히 감정적 대응이 아닌 대중문화예술에 대한 깊은 안목과 합리적 대응이 모색되어야 할 것이다.

위의 문제의식을 가지고 레이디 가가의 2012년 내한공연을 중심으로 일고 있는 쟁점들을 점검해 보고 대중문화 예술에 대한 적절한 기독교적 대응을 제안하고자 한다. 이를 위해서 첫째로 레이디 가가를 둘러싸고 일어나는 쟁점들을 이해하기 위해 그의 스타성을 살펴보겠다. 둘째로 레이디 가가에 대한 일부 교인들의 반응에 대해 어떤 성찰을 해야 할지 검토할 것이다. 셋째로 대중문화 현안에 대한 전략적이면서도 적절한 대응에는 어떤 것이 있는지 담론적 과제의 제시로 생각해 보겠다.

### 2. 레이디 가가의 글로벌 스타성 이해

### 1) 포스트모던 시대 최고의 디바

레이디 가가의 내한공연은 2012년 홍콩, 일본, 태국, 싱가포르, 인도네시아, 뉴질랜드, 호주에서 공연을 갖는 '세계순회공연'(Born This Way Ball Tour)의 일환으로 4월 27일 서울에서 그 첫 출발을 한다. 공연 장소를 보아 알 수 있듯이 레이디 가가의 공연은 미국과 영국 이외의 팬들을 위한 것이다. 이 세계적인 스타의 공연은 많은 화제를 불러일으키고 있다. 4월 7일 이 공연의 무대가 미리 공개되어 청중의 호기심을 끌고 있다. 그의 공연 무대가 장엄하고 화려한 공간 속에서 연출되는 음악 사운드로 채워질 때 청중들은 크게 환호할 것이다.

이런 레이디 가가의 공연을 걱정스럽게 바라보는 일부 기독교인들은 그 공연에 대한 반대운동을 적극 펼치고 나섰다. SNS에 퍼지고 있는 주장을 접한 기독교인들은 큰일 났다고 주변에 알리는 사람들이 있는 반면에 황당하다는 반응을 보이는 사람들도 있다.

일부 기독교인들에게 사탄적이라 낙인찍히고 축귀 대상이 된 레이디 가가는 어떤 사람인가? 레이디 가가에 관해 사회적으로 알려져 있는 객관적 사실들을 정리하는 것으로 논의를 시작해 보자. 레이디 가가는 뮤지션이자 행위예술가로 새천년에 들어서 나타난 첫 슈퍼스타로 인정받고 있다.[2] 26세에 그녀는 유명 가수들의 노래를 작곡하면서 경력을 쌓았다. 가수이자 제작자인 에

이콘이 그의 가창력을 알아보고 가수로 서게 했다. 2008년 레이디 가가는 데뷔 음반 〈The Fame〉을 발매하였다. 이 음반에 포함된 싱글 곡 "Just Dance"와 "Poker Face"가 세계적인 각종 음악 차트에서 1위를 했다. EP 음반 〈The Fame Monster〉를 발매하여 큰 인기를 누렸는데, 싱글곡 "Bad Romance", "Telephone", "Alejandro"는 여러 나라에서 1위를 차지했다. 이 음반 홍보를 위해 레이디 가가는 1년이 넘도록 The Monster Ball Tour를 하여 역사상 가장 높은 수익률을 거둔 투어 중 하나로 남았다. 두 번째 정규 음반 〈Born This Way〉는 2011년 5월에 발매되었는데, 삽입곡인 "Born This Way", "Judas", "The Edge of Glory"는 세계 여러 주요 차트에서 상위권에 올랐다.[3] 이번 레이디 가가의 공연은 바로 이 두 번째 음반을 타이틀로 하여 기획된 것이다.

레이디 가가의 음반은 2,300만 장이 팔렸고, 싱글 판매고도 6,400만에 달했다. 그녀는 그래미상, MTV 비디오 음악상 그리고 빌보드가 선정한 올해의 아티스트로 올랐다. 이외에 각종 시상식에서 주요 상들을 수상했다. 특히 이번 내한공연의 타이틀로 내세우고 있는 "Born This Way"는 2011년 11월에 열린 MTV 유럽 음악상에서 최우수 여성 아티스트, 최다 팬 부문의 수상을 비롯해서 최우수 노래, 최우수 비디오 부분에서 수상을 하며 최다 수상을 했다.[4] 이로써 그녀의 음악성은 세계적으로 공인되었다. 이것은 누구도 부정할 수 없는 사실이다. 그리하여 레이디 가가는 마이클 잭슨, 마돈나, 신디 로퍼와 같은 팝가수들의 영향을 받았지만 명실 공히 '자수성가한 포스트모던 디바'[5]로서 글로벌 트렌드를 주도하는 세계적인 대중 스타로 확실하게 자리매김했다.

레이디 가가는 마돈나와 비교되는 자신에 대해서 다음과 같이 주장함으로써 자신의 음악관을 피력하였다.

가가는 유일하여 복사될 수 없다. 수백만의 소녀들이 마돈나를 따라 하려고 했다. 현재 그 소녀들은 갔으나 마돈나는 특별함을 갖고 있기에 여전히 건재하다.

건방진 소리를 하기 싫지만 팝 음악에서 혁명을 일으키는 것이 내 목표로 삼아 왔다. 마돈나가 일으킨 지난 혁명은 25년 전 일이었다.[6]

아직 20대지만 레이디 가가는 분명한 자기만의 음악적 목표를 가지고 음악적 성과를 이루어 가고 있다.

유튜브의 역사가 레이디 가가의 뮤직비디오로 새로 쓰여진 것도 화제다. 동영상 전문 커뮤니티 유튜브 상에서 조회 수 10억 건을 넘은 첫 스타로 기록된 것이다. 최고의 인기를 얻은 동영상은 가가의 뮤직비디오였다. 가가의 히트곡인 "Bad Romance", "Just Dance", "Alejandro"와 "Telephone"까지 총 4개의 뮤직비디오가 동시에 팬들의 사랑을 받았다. 가가의 동영상이 뜨거운 인기를 얻는 이유는 독특한 개성이 담겨져 있기 때문인데 유투브 관계자에 따르면, "그녀의 뮤직비디오는 음악뿐만 아니라 영상까지 기존 가수들과 다른 차별된 개성이 넘친다."며 "이런 이유로 팬들이 가가의 동영상을 즐겨 찾는 것 같다."고 했다.[7] 이처럼 레이디 가가는 팝 음악의 역사에서 새로운 위치를 점하며 영향력을 넓혀 가고 있다.

### 2) 패션과 퍼포먼스

그런데 레이디 가가의 강력한 영향력은 음악에만 있지 않다. 그녀는 뮤직비디오와 공연에서 시각적 충격을 주는 파격적 면모가 그 영향력의 핵심이다. 그녀는 비주얼 예술의 측면을 강조하는데, 독특하고도 뛰어나다는 평을 받고 있다. 레이디 가가의 뮤직비디오나 공연에서 그녀가 보여 주는 의상 스타일은 시각적 충격을 주는 파격성을 갖고 있다. 유난히 많은 노출과 과감한 성적 표현 때문에 늘 논란의 중심에 있다. 그렇지만 의상은 그녀의 음악에 있어 중요한 요소이다. 톡톡 튀는 정도를 넘어 기괴하기까지 한 레이디 가가의 의상은 일반의 통념을 넘어서는 것으로 많은 화제를 뿌리고 있다.

레이디 가가의 대표적 의상 스타일을 분석한 글에 따르면, 그녀의 의상 스타일이 보여 주는 표현 방식은 기괴하고 어두우면서도 성적이며 코믹한 이미지가 혼합되어 있다. 또한 긍정적이고 전통적인 성적 이미지보다는 부정적이고 중성적 그리고 양성적인 시각적 자극을 통해 그녀만의 스타일을 돋보이게 하고 있다.[8]

이러한 레이디 가가의 의상 중 단연 돋보이는 것은 2010년 MTV 비디오 음악상시상식에서 생고기 드레스를 입고 나온 것이

라 생각된다. 이날 레이디 가가는 "Bad Romance"로 올해의 비디
오상(Video of year), 최고 여자 비디오상(Best Female video), 최고 팝
비디오상(Best Pop video), 최고 댄스뮤직비디오상(Best Dance music
video), 안무상(Choreography), 감독상(Direction), 편집상(Editing) 등 7
개 부문을 석권하고, 비욘세가 피처링한 "Telephone"으로 베스
트 협동상(Best Collaboration)을 수상, 8개 부문을 석권하는 기염을
토했다. 여러 상을 수상하게 된 레이디 가가는 수상 때마다 새로
운 의상을 선보였는데, 생고기 드레스로 걸치고 나와 사람들을
놀라게 했다.[9] 그런데 이 엽기적인 의상이 《뉴욕타임즈》가 선
정한 2010년 올해의 아이디어로 선정되었다. 생고기를 얇게 덧붙
여 완성된 이 드레스는 박물관으로 옮겨지기 전 박제 제작자의
화학약품과 건조과정을 거쳐 미국 로큰롤 명예의 전당에 박제
를 거쳐 레이디 가가의 어린 시절 피아노와 함께 'Women Who
Rock: Vison, Passion, Power'라는 이름으로 보존되고 있다.[10]

레이디 가가에게서 음악과 패션은 떼려야 뗄 수 없는 관계이
다. 팝 음악을 부흥시키고 싶다는 포부를 밝힌 그녀는 이런 말을
하였다.

"오늘날의 팝 음악에 없는 것은 아티스트가 음악에 비주얼적
인 것과 형상화된 이미지를 조화시키는 것이다. 이 둘은 똑같이
중요하다."

이러한 입장을 가진 그녀가 연합뉴스와의 인터뷰에서 밝힌
바에 따르면, 패션에 관한 그녀의 생각은 더욱 분명해진다.

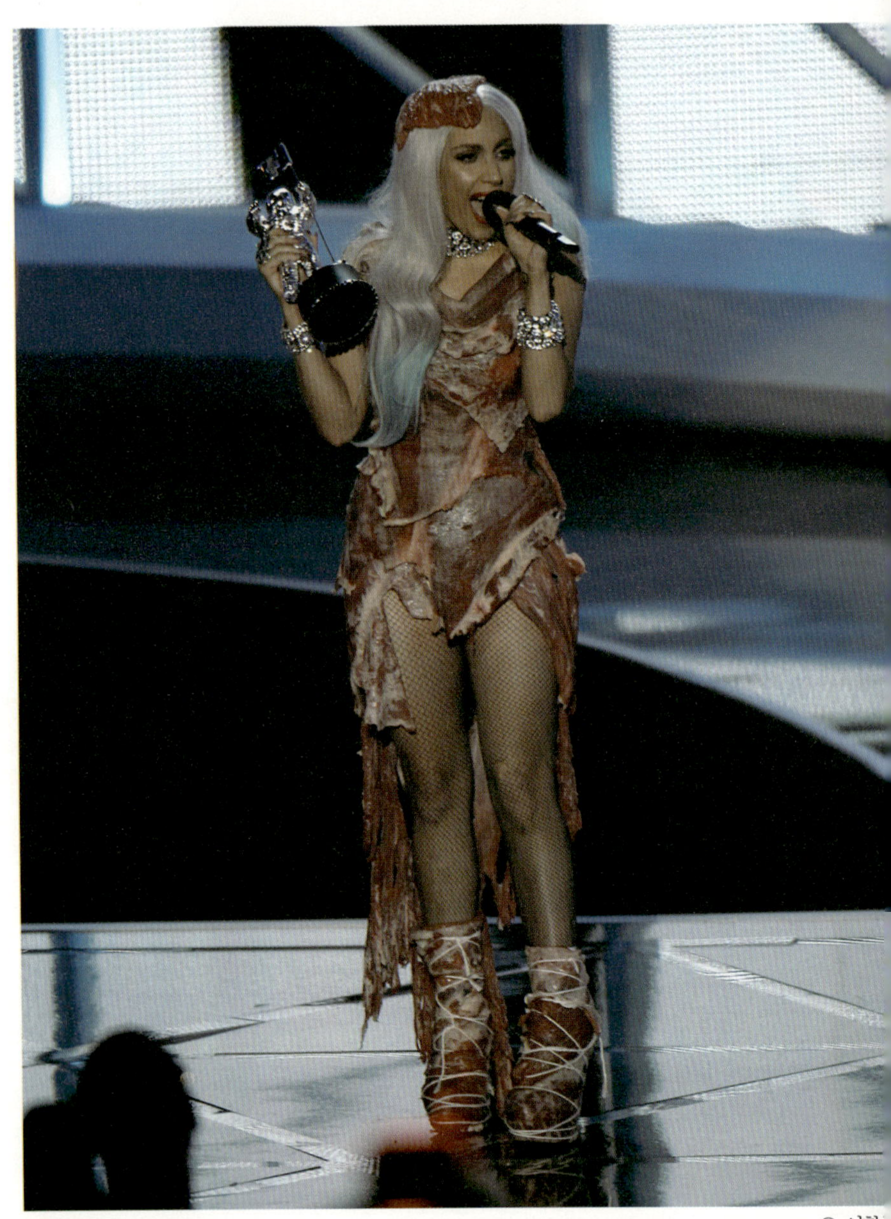



팝 게릴라 레이디 가가

'생고기 드레스' MTV 비디오 뮤직상 시상식(2010.09.12)

ⓒ 연합

"나는 의상을 위해 음악을 만든다." 그리고 이렇게 강조했다.

"나는 곡을 다 쓴 후 어떤 비디오를 만들지 결정하는 게 아니라 곡을 쓰면서 비주얼 요소를 생각한다." 이어 "무대 위에서 부르는 노래와 사람에게 보이는 비주얼은 하나의 완성된 세트"라며, "의상을 위해 음악을 만든다는 말은 모든 것을 위해 음악을 만든다는 일종의 나만의 은유인 셈"이라고 덧붙였다.[11]

여기서 패션은 또한 퍼포먼스로 연결된다는 사실이 확인된다. 이에 관한 레이디 가가의 말을 그대로 옮겨 보면 이렇다.

"패션은 모든 것이다. 작곡을 할 때 나는 무대에서 입기 원하는 의상에 관해 생각한다. 퍼포먼스 아트, 팝 퍼포먼스 아트, 패션 이 셋은 따로 뗄 수 없는 하나의 전체다. 이 모든 것이 함께해야 하고 슈퍼 팬들에게 돌려주어야 할 실제 이야기다. 내가 원하는 것은 아주 강력해서 팬들이 우리의 모든 것을 맛보고 음미하기를 원하게 될 형상화된 이미지다."[12]

이렇게 해서 레이디 가가의 공연은 패션과 더불어 파격적인 무대로 만들어진다. 이러한 퍼포먼스를 위해 레이디 가가는 앤디 워홀의 '팩토리'에 영감을 받아 26세 미만으로 구성된 '하우스 오브 가가'라는 팀을 조직하였다. 이 팀은 레이디 가가 개인의 전문 창작팀으로서 그녀의 모든 의상, 무대 의상, 헤어스타일은 물론 연출, 사운드 등을 총괄한다.

### 3) 사회활동과 영향력

음악활동 외에도 레이디 가가는 사회활동에서 두각을 나타내고 있다. 그녀의 활발한 사회활동은 커다란 주목을 받으며 영향력을 파급시키는 데 주요한 역할을 한다. 먼저 언급할 것은 자선활동이다. 레이디 가가는 에이즈 예방과 치료를 위해 많은 활동을 해 오고 있다. 그녀는 자신이 존경하는 신디 로퍼와 함께 에이즈로 고통받는 여성들을 지원하기 위해 세계적인 메이크업 전문 브랜드 '맥(MAC)'의 비바글램(VIVA GLAM) 캠페인 홍보대사로 나섰다. 레이디 가가는 맥 비바글램 캠페인에 참여하여 "이제는 에이즈에 걸릴 확률이 높은 여성들을 위해 변화를 가져올 때"라며 이런 말을 덧붙였다.

"여성들은 남성에 비해 에이즈에 대해 취약한 점이 많다. 예를 들어, 남성과의 성관계 시 에이즈 예방을 위해 남성들에게 콘돔 사용을 매번 권해야 하는 것도 그 한계점 중 하나일 것이다."[13]

맥의 비바글램 캠페인은 '맥 에이즈 펀드' 기금 마련을 위해 맥 비바글램 립스틱의 판매금액 전액을 그대로 기부하는 맥의 대표적인 사회 환원 프로그램으로 세계에서 가장 큰 에이즈 후원 펀드로 성장하였는데, 2010년도에 레이디 가가의 립스틱을 출시하여 약 50억 원을 벌어들여 기금에 기탁되었다.[14] 이는 레이디 가가의 적극적 활동과 영향력을 보여 준다.

에이즈를 위한 레이디 가가의 활동은 그해 12월에도 이어졌다. 그녀는 알리샤 키스 등과 함께 세계 에이즈 날을 맞아 '킵 어차일드 얼라이브(Keep a Child Alive)'의 자선기금 모금활동을 돕기 위해 '디지털 생명의 희생(Digital Death)' 캠페인에 참여했다. 에이즈에 감염된 아프리카와 인도의 가족들을 후원하기 위한 모금행사를 개최하며 레이디 가가와 유명 인사들은 모금액이 100만 달러를 돌파할 때까지 페이스북, 트위터 등 디지털 생활을 끊도록 하는 '디지털 라이프 희생(Digital Life Sacrifice)' 운동에 함께했다. 레이디 가가를 비롯한 톱스타들은 디지털과의 인연을 끊는 의미로 관에 누운 모습과 행사의 취지를 알리고 자선을 촉구하는 마지막 트위터 등이 담긴 광고를 촬영하기도 했다. '소셜 네트워크의 여왕'으로 불리는 레이디 가가는 페이스북과 트위터에게 결별을 선언하고 1,400만 명의 페이스북 친구와 700만 명의 트위터 팔로워를 매몰차게 등졌는데, 캠페인이 시작된 지 6일째 아침 스튜어트 라르가 단번에 50만 달러(약 5억 7,000만 원)를 기부해 스타들은 페이스북, 트위터 등 소셜 네트워크의 친구들에게 돌아갈 수 있게 됐다.[15] 대중 인기인으로서 그런 결정을 실천한다는 것이 쉬운 일이 아님에도 실천함으로써 그녀의 대중적 이미지는 자선 사업가로서 입지를 다지는 것이었다. 이런 면모는 아이티 대지진 참사와 일본 지진 구호활동에서도 유감없이 발휘되어 자선 구호가로서 그녀의 입지는 더욱 확고해졌다.

레이디 가가의 사회활동에서 빼놓을 수 없는 것이 동성애자에 대한 옹호이다. 레이디 가가는 초기 활동 때부터 동성애자들의 인기를 얻었다. 이를 기반으로 하여 그녀는 자신의 동성애자

성향을 공개적으로 밝혔다. ABC TV 앵커 바바라 월터스(Barbara Walters)와 가진 회견에서 그녀는 자신의 동성애적 성향을 솔직히 토로하였다. 월터스의 '올해 가장 매력적인 인물 10선'이라는 프로그램에서 레이디 가가는 밝히기를 여성과 실제적으로 사랑에 빠진 적은 없지만 과거 레즈비언 성향이 강했다고 말했다. 같은 여성과 한번 자봤으면 하는 바람이 있었다는 그녀는 "심지어 남자친구와 같이 있을 때도 여성에 대한 욕망을 떨쳐버릴 수 없다." 고 털어놓으며 "남자친구와 함께 있을 때 여성에 대해 생각하면 안 되느냐?"고 반문하기도 했다.[16]

이런 동성애자 성향을 드러낸 레이디 가가는 동성애자를 옹호하는 활동을 적극 전개하고 나섰다. 2009년 10월 워싱턴디시에서 열린 게이와 레즈비언 시민들의 동등한 인권을 위한 행사에 깃발을 들고 참여했고, 게이들이 군대에 지원하지 못하는 정책에 대해서도 폐지 발언을 표했다. 또한 동성 간의 결혼 허용을 적극적으로 지지하며 동성 커플 주례를 보기 위해 목사 안수를 받으려 했다. 이런 사실들이 알려지면서 그녀는 동성애자로 낙인찍히기도 했지만 자신은 양성애자임을 밝힌 가운데, 동성애자를 위한 지지는 계속되고 있다. 무엇보다도 그녀의 노래와 뮤직비디오에 동성애 코드를 많이 넣고 있다.

동성애를 그토록 지지하는 이유에 대해서 레이디 가가는 다음과 같은 말을 하였다.

"게이 커뮤니티는 나에게 전환점이었다. 나는 많은 게이 팬들을 얻었고 그들은 내게 충성심을 보였으며, 그들은 실제로 나를 고양시켰다. 그들은 항상 내 곁을 지킬 것이고 나도 항상 그들을 지킬 것이다. 팬 층을 창출하는 것은 쉬운 일이 아니다. '게이 축제'에 초대받은 것은 아티스트로서 나에게 실질적 전환점이었다."[17]

이 말은 레이디 가가의 동성애 지지가 소수자를 위한 사회활동 일환임을 보여 준다. 이러한 점은 "내 청중이 아웃사이더의 군대라고 느껴진다."는 그녀의 말로 뒷받침된다.[18]

동성애 지지를 통해 소수자의 인권운동에 눈을 뜬 레이디 가가는 새로운 영역으로 사회활동을 넓히고 있다. 그중 하나가 바로 '본 디스 웨이 재단(Born This Way Foundation)'을 출범시킨 것이다. 이 재단에 그녀가 기부한 금액은 120만 달러(13억 3980만 원)이다. 출범식에서 레이디 가가는 검은색 드레스에 검은색 모자를 착용한 차림으로 행사에 등장했다. 10대 시절 집단 따돌림을 당한 적이 있다고 고백한 가가는 연설에서 학생들에게 "여러분이 혁명적 잠재력이 있다면, 세상을 더 좋게 만들어야 하고 그런 잠재력을 사용해야 한다고 믿는다."라고 말해 기립 박수를 받았다. 이 재단의 목표는 "청소년에게 다가가 친절(kindness), 용기(bravery), 수용(acceptance), 능력 부여(empowerment)라는 새로운 문화를 조성하는 최선의 방법을 찾는 것이 될 것이다."[19] 이와 더불어 레이디 가가는 괴롭힘을 반대하는 메시지를 여러 매체를 통해 적극 설파하는 중이다. 이로써 그녀는 소수자와 약자를 위한 활동을 펼치는 인권 운동가로서도 손색없는 위상을 얻었다.

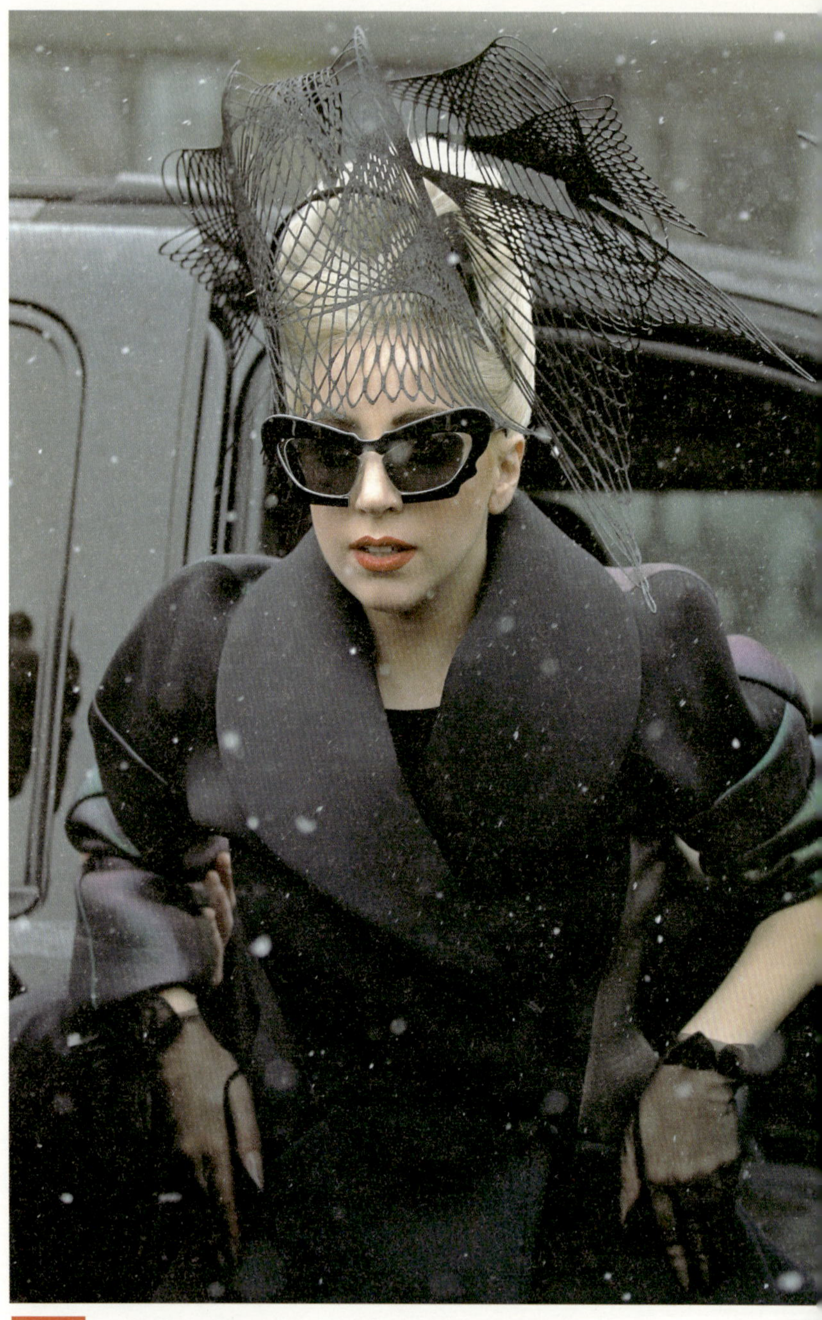



팝 게릴라 레이디 가가

'본 디스 웨이' 재단 출범식, 하버드 대학

ⓒ 연합

여러 논란을 만들면서도 레이디 가가는 그 활동과 영향력에서 크게 인정받고 있다. 미국 자선단체 'DoSomething.org'는 2010년 한 해 동안 활발한 자선활동을 한 스타 톱 20인 중 1위로 뽑혔다. 그녀는 2010년 경제전문지 《포브스》가 선정한 세계에서 가장 영향력 있는 여성 100인 가운데 7위에 오른 바 있고, 《타임즈》가 선정하는 세계에서 가장 영향력 있는 100인 순위에도 매년 상위권에 오르고 있다. 특히 페이스북이나 트위터 같은 SNS에서 그녀의 팔로워들은 2천만 명이 넘는다. 이런 사실들이 말해 주는 것은 그녀가 무시할 수 없고 무시되지도 않는 영향력을 확보하고 있는 점이다.

## 3. 기독교계 대응에 대한 성찰 과제

### 1) 비판 기준의 설득력 문제

세계적으로 가장 주목받는 팝스타 레이디 가가가 2012년 세계순회공연의 첫 테이프를 서울에서 끊는다. 그녀의 내한공연 소식이 알려지자 일부 기독교인들이 그녀에 대한 강력한 비판을 가하고 나섰다. 한국교회언론회가 내놓은 '레이디 가가의 한국 공연과 문제점'이란 논평에 따르면, "레이디 가가는 공연 중 기독교를 비하하고 기독교인을 조소하기도 하는가 하면 관객들을 향해 함께 지옥에 가자고 권하기도 한다."며 "이는 사탄의 전략 중 하나"라는 입장을 내놓았다. 또한 그 논평은 "가가가 동성애를 옹호하는 공연을 하면 공연하는 국가마다 동성애를 허용하는 법안이 통과되곤 했다."며 "이 땅의 많은 젊은이들이 동성애와 음란문화에 물들지 않도록 해야 한다."고 했다.[20]

이 논평에서 비판의 초점은 동성애와 사탄숭배이다. 기독교인들이 동성애와 사탄숭배를 비판하는 것은 하나도 이상한 일이 아니다. 그것은 인류를 향한 기독교 가치에 어긋나기 때문에 비판을 가하는 것은 자연스러운 일이다. 그렇지만 레이디 가가에 대해서 그런 비판의 목소리를 사회에 내놓을 때 좀 더 신중할 필요가 있다. 그 비판의 의도와는 달리 엉뚱한 결과를 야기할 수 있다는 점이 고려되어야 하기 때문이다.

우선 기독교계의 비판이 사회적으로는 어떤 결과를 일으키는지 보자. 레이디 가가에 대한 기독교계의 비판이 사회적으로 뜨거운 관심을 불러일으키는 데는 나름 성과를 올렸다. 기독교인들 사이에 레이디 가가 반대 글이 SNS로 퍼지고 있고 사회적으로는 영상물등급위원회가 18세 이상 관람 등급 판정을 내렸다. 이미 지난 2009년에 있었던 첫 내한공연 때는 12세 이상 관람 등급을 받았던 적이 있는데 이번에 기독교 단체에서 선정성을 이유로 레이디 가가의 공연 자체를 금지시키자는 청원을 하고 곧바로 영상물등급위원회가 18세 이상 관람 등급으로 상향 조정된 것은 일정한 성과를 올린 것이 분명하다.

하지만 상황은 그 비판의 의도대로 전개되지 않고 있다. 레이디 가가 공연의 관람 등급이 상향 조정되면서 레이디 가가의 내한공연에 더 뜨거운 관심을 일어났다. 국내 일부 연예인들이 이 같은 결정에 항의성 멘션(mention)을 SNS에 남기고 가뜩이나 심의 문제로 시끄러운 가요계에서도 논란이 확산됐다. 그러면서 나타난 현상은 바로 레이디 가가의 공연에 많은 이들의 관심이 쏠리면서 티켓 문의가 폭주하고 있다. 한 공연 관계자는 "공식적으로 티켓이 모두 팔렸지만 심의 등급 조정이 있기 전까지는 그렇게 주목을 받지 못해 주최 측에서도 고민을 했던 것으로 안다."면서 "그런데 논란이 일어나면서 국내 유명 스타들은 물론, 가요계 많은 이들이 레이디 가가의 공연을 보고 싶어 하면서 초대권까지 판매로 돌려야 할 상황인 것으로 알고 있다."고 귀띔했다. 그러면서 "국내 가수들이 신처럼 떠받들고 있는 스티비 원더 내한공연보다 그 관심이 더욱 뜨겁다."고 가요계에 일고 있는 레이디 가가 열풍을 전했다.[21]

기독교계가 레이디 가가에 대해 비판하고 나선 것은 레이디 가가 공연이 이루어지지 못하도록 하는 것인데 오히려 그 반대의 결과를 만들어 낸 것이다. 이런 상황에 대해서 진지한 고민을 하지 않으면 안 된다. 다음의 기사는 곰곰이 생각해 보아야 할 숙제를 던진다. 어쨌든 한국 공연을 시작으로 세계 11개국 순회 공연에 돌입하는 레이디 가가는 그 "첫 단추부터 국내 기독교 단체와 영상물등급위원회의 덕을 톡톡히 보고 있는 셈이다. 어찌 보면 이들이야말로 레이디 가가의 열혈팬이라는 비아냥 섞인 비판이 나오고 있는 이유다."[22] 이런 사실을 감안할 때 기독교계가 나서서 대중문화를 비판하는 의도는 실효성이 없는 것으로 판명났다. 오히려 아주 부정적으로 말하자면 기독교계가 나서서 비판한 목소리는 공연기획자들의 노이즈 마케팅에 이용되는 수준에 머물고 있다고 하겠다. 참으로 당혹스러운 일이다.

그러면 왜 이런 일이 생기는가를 따져 볼 필요가 있다. 무엇보다 문화를 교리의 잣대로 재단하려는 데 문제가 있다. 어떤 사안을 비판할 때 같은 범주 내의 타당한 기준을 제시, 적용해야 한다. 서두에 언급했듯이 베토벤이 틀렸다고 할 때 베토벤 음악이 싫어서 틀렸다고 했다면 그것은 개인 취향의 문제로 사람들의 주목을 전혀 받지 못했을 것이다. 그것은 대꾸할 가치조차 없기 때문이다. 취향이 옳고 그름을 판단하는 기준이 못된다. 자기 취향으로 옳다 그르다 고집하는 것은 성격적 결함인지 논의할 문제가 아니다. 존 케이지가 베토벤이 틀렸다고 한 것은 단지 취향의 관점에서 말한 것이 아니었다. 그는 자신의 음악관에 기초해 베토벤의 음악이 틀렸다는 말하고 연주로도 입증해 보였다. 그의 말에 동의하지 않을 수는 있어도 그의 주장이 터무니없는 것이라고 비난할 사람은 없다. 그는 베토벤을 음악적 논리로 비판함으로써 설득력을 잃지 않았다.

대중문화에 대해서 비판을 가할 때 기독교계가 염두에 두어야 할 사실은 교리를 잣대 삼아 문화를 논하는 일에 신중해야 한다는 것이다. 물론 문화를 교리의 잣대로는 절대 평가해서는 안 된다는 말이 아니다. 그런 논의를 전개해야 할 대상을 잘 설정해야 한다는 것이다. 기독교 신앙을 표방하는 사람의 활동에 대해서 교리적 잣대로 비판하는 것은 타당하다. 반면에 기독교 신앙을 갖지 않은 사람의 활동에 대해 교리적 잣대를 기준 삼는 것은 비판의 대상이 되는 사람들에게 별 의미가 없다. 그들은 자기에게 적용되는 기독교 교리의 기준에 대해 귀를 기울일 아무런 이유가 없기 때문이다. 그런데도 비기독교인에게 기독교 교리대로 행동하라고 요구하는 것은 성과없이 기독교에 대한 반발심만 키우는 일이다.

예를 들어 레이디 가가의 의상이 선정적이고 동성애를 지지하여 음란문화를 조장한다는 비판이 있다. 이 비판을 놓고 교회 안에 기독교인들끼리는 교리적 차원에서 공감한다. 그런 문제를 어떻게 막아야 하는가에 대해서 논의할 수 있다. 이렇게 교회 안에서 기독교인들이 공감하는 비판이 교회 밖의 비기독교인에게도 그대로 이어질 것이라고 생각한다면 그것은 지나치게 순진한 생각이다. 더욱이 기독교인이 선정적이라 생각하는 패션이 남성우위사고에 저항하는 사회적 표현이고 동성애자 지지는 소수자를 위한 인권운동의 일환이라고 자부하는 레이디 가가와 지지자들에게는 그들의 비판이 수용될 리가 만무하다. 그렇다고 할 때 그런 기독교계의 비판은 교회 안 기독교인들의 감정적 동질감을 결집하는 것에는 별 다른 효과를 볼 수 없다.

레이디 가가를 사탄숭배자로 몰아세우는 것도 다르지 않다. 이런 주장은 레이디 가가가 무대의상과 노랫말 등을 통해 사탄교

교리를 전해 왔다는 일부 의혹을 정리해 보도한 외국 매체에 근
거하는 듯하다. 그에 따르면, 레이디 가가의 공연이나 뮤직비디오
에 종종 프리메이슨이나 일루미나티 등 고대 비밀결사대의 심볼
이 등장한다. 악마 중 하나로 알려진 '바포메트(Baphomet)'와 비슷
한 몸짓을 자주 보여 주는 점도 가가의 사탄숭배에 힘을 실어 주
는 요소 중 하나라는 것이다. 어떤 작가는 그의 저서를 통해 "레
이디 가가와 사탄숭배 및 사탄교의 연관성에 대해 설명했다."며
"저자는 가가의 히트곡 Alejandro에 여자 수도승이 악마로 변하
는 과정이 나오는데 이것도 가가의 사탄숭배와 관련이 있다고 주
장했다."고 소개했다. "가가의 노래를 거꾸로 재생하면 사탄교에
관한 메시지가 뜬다는 지적도 있다."며 "지난 2월 그래미 시상식
때 그가 선을 보인 파충류 인간 퍼포먼스 역시 사탄교의 지도층
이 파충류 인간이라는 설에 근거한다."고 덧붙였다.[23] 이런 설들
에 입각해 그녀를 사탄숭배자로 간주하는 것은 쉬운 일이다. 동
성애자를 옹호하고 선정적인 활동으로 싫은데 사탄까지 숭배한
다니 더욱더 그녀를 비난할 수 있는 근거가 생기기 때문이다.

　　그렇지만 그런 비난이 사회에 설득력을 갖는 것과는 별개다.
기독교 단체들은 성과 사탄숭배를 오가며 일부 대중음악가들에
게 위협이 되고 있다. 그들은 성의 문제로 접근하든 사탄숭배로
접근하든 젊은이들을 좀먹게 한다는 주장에서 한결같다. 그런 위
협은 기독교 신앙을 가진 밴드에게도 예외가 없다. 독실한 기독
교 신앙을 가진 유투(U2) 밴드가 첫 앨범 발매 후 밴드 해산의 위

기를 맞이했는데, 록음악과 기독교 신앙은 양립할 수 없다고 주장한 기독교 친구들 때문이었다. 이런 갈등에 대해서 유투의 기타리스트 에지(The edge)는 이런 말을 했다. "당시 우리의 목표는 상호 배타적으로 보인 두 가지를 화해시키는 것이었다. 우리는 결코 모순을 해결하지 못했다."[24] 기독교 단체들의 비난은 기독교 내부에까지 적용된다. 그런 면에서 기독교 단체들의 활동이 지닌 설득력은 그리 높지 않다. 예전보다는 나아진 면모도 없지 않지만 상황은 크게 나아졌다고 보기 어렵다.

이제 냉정하게 생각해야 할 문제가 있다. 기독교인 입장에서 할 말을 하는데 왜 기독교에 대해 적대하는 사람들은 더 많아지고 있는가 하는 것이다. 이런 현상을 직시하는 것이 중요하다. 그래야 적절한 행동 방향을 정하고 효과적인 조치를 취할 수 있기 때문이다. 기독교에 적대적인 사람들을 향해 "그래, 그런 게 좋으면 지옥에나 떨어져라", "기독교에 노골적으로 반대하는 사람들은 해명할 필요조차 없다."고 주장할 기독교인이 있을지 모르겠다. 그러나 그런 태도는 문제해결에 전혀 도움이 되지 못한다. 그보다는 기독교계에서 내놓는 비판이 사회의 공감을 얻고 건강한 사회를 지향할 수 있는 역할을 모색하면서 사회를 설득할 수 있는 논리를 키우는 것이 급선무이다.

## 2) 반대운동의 정당성 문제

레이디 가가의 내한공연에 대해 비판적인 기독교인들이 취하는 구체적인 조치는 공연 금지를 위한 현대카드 불매운동이다. 민주 사회에서 그들을 강제로 금지시킬 수 있는 근거는 전혀 없다. 다만 소비자 운동 차원에서 범 기독교적으로 공연 주관사인 현대카드 불매운동을 벌이는 것이 그나마 할 수 있는 최선책이다. 따라서 비판적인 기독교인들은 현대카드사에 전화해 전화카드 해지하고 티켓 불매운동을 전개하고 있다.

이렇게 할 때 카드사가 레이디 가가의 공연을 취소할 것인가를 생각해 보면 그런 대처도 별 소득이 없다. 카드사는 곤란한 척은 하겠지만 이 상황이 더 악화되지 않고 넘어가기만을 바랄 것이다. 그리고 이미 지적한 대로 그런 불매운동은 오히려 사람들의 관심을 자극하고 팬들이 레이디 가가를 더 지지하고 나서도록 할 뿐이다. 그래도 일부 기독교인들은 기독교의 이름으로 단죄하고 공연을 무산시킬 수 있는 행동이 있다면 해야 한다고 주장할 것이다. 이 공연을 저지시키기 위해 기도와 반대운동을 촉구하는 것은 물론 공연 당일 공연장에서의 반대 시위도 불사할 것이다.

대중문화시대에 들어 이러한 현상은 한두 번이 아니다. 마이클 잭슨 공연 때도 마찬가지였고, 영화 "다빈치 코드" 때도 마찬가지였다. 일이 생길 때마다 기독교계는 매번 같은 반응을 보였고 그 결과도 비슷했다. 아마도 앞으로 비슷한 사안에 직면하게 되면 똑같은 반응이 나올 것이다. 여기서 우려되는 것 하나를 지적해야겠다. 그런 식의 기독교 대응방식이 하나의 '문화적 문법'

으로 고착되는 것이 아닌가 염려된다. 문화적 문법은 '사회 구성원들의 행위의 밑바닥을 가로지르는 공통의 사고방식'을 일컫는 말이다. 이러한 문화적 문법이 일반화되면, 그 문화를 공유하는 구성원들 사이에 당연한 것으로 받아들여져서 거의 의식되지 않는 상태에 있으면서 구성원들의 행위에 일정한 방향을 부여하는 문화적 의미 체계를 갖게 된다.[25] 대중문화에 대한 기독교계 비판에서 계속 반복되는 일을 접하면서 기독교계에도 이런 문화적 문법이 고착된 것이 아닌지 문제의식을 갖지 않을 수 없다. 더욱 지혜로운 대응방식이 요구되는 대목이다.

비기독교적인 내지 반기독교적인 성격을 띤 대중문화에 대해서 교리적 잣대에 의한 사회 행동이 같은 패턴으로 지속되는 것은 사회변화도 가져오지 못한 채 사회적 고립만을 자초하는 악수(惡手)가 될 것이다. 그런데도 기독교가 기독교적이지 않은 행사들에 대해서 일일이 반대운동을 벌이려 한다면 사회적 충돌이 일어날 가능성을 배제할 수 없다. 문화의 선택을 교리로 강요하는 것은 반발과 저항을 키울 뿐이다.

문화적 선택에 대한 자유를 보장하는 민주사회에서 종교의 이름으로 반대하고 퇴출운동의 대상이 된다는 것은 매우 불쾌할 수 있다. 그들로서는 자기 자신의 선택권이 무시당했다는 불쾌한 느낌을 받을 수 있고 특정 종교에 의해 자유의 권리가 침해받는 것이란 느낌을 받을 수 있다. 그렇게 되면 기독교계의 대중문화 반대운동은 원래 목표했던 것과는 반대로 반사회적인 집단으로 몰릴 가능성이 크다. 난감한 일이 아닐 수 없다. 인정하고 싶지 않지만 이것이 대중문화의 매트릭스 안에서 문화에 대한 기독교계의 반대운동이 처한 실제 위치이다.

기독교계의 비판과 반대를 하면 사람들은 그 대상을 피하고 당사자들은 회개하고 돌아서야 하는데 현실은 그렇게 돌아가지 않는다. 그런데도 그런 식의 대응방식을 고수하면 원하는 결과를 얻기는커녕 상대 세력이 결집하는 것은 뻔한 일이다. 예를 들어 보자. 이번 레이디 가가의 내한공연에 타이틀이 된 "Born This Way"라는 곡의 가사를 보더라도 시각 차이가 명백하다.



난 내 나름으로 아름답죠.
왜냐하면 하나님은 실수를 안 하시거든요.
난 제대로 하고 있는 거예요, 난 이렇게 태어났어요.
여러분도 낙담하며 여러분 자신을 숨기지 마세요.
그냥 여러분 자신을 사랑하세요.
그러면 여러분은 다 준비된 거예요.
나는 제대로 하고 있는 거랍니다. 난 이렇게 태어났거든요.
…

짜증나는 사람이 되지 마세요,
그냥 여왕이 되세요. 여러분이 무일푼이든 잘나가든,
여러분이 흑인이든, 백인이든, 황인이든,
라틴 아메리카 혈통이든 레바논 사람이든, 동양인이든,
삶의 장애물들로 여러분이 왕따가 되든, 괴롭힘을 당하든,
혹은 조롱을 당하든,
오늘 여러분 자신을 찬미하고 사랑하세요.

왜냐하면 여러분은 이렇게(하나님의 완벽함으로) 태어났으니까요.

게이든 아니든, 혹은 양성애자든, 레즈비언이든, 성전환한 사람이든,

그건 중요치 않아요. 난 제대로 살고 있는 거예요.

나는 태어났으니 견뎌 내야 해요.(살아남기 위해 태어났어요.)

흑인이든, 백인이든, 황인이든, 라틴아메리카 혈통이든

혹은 동양인이든

그건 중요치 않아요.

난 제대로 하고 있거든요. 난 용감하게 태어났어요.


이 가사를 두고 일부 기독교인들은 동성애를 조장한다고 내세운다. 반면에 일반 사람들이나 레이디 가가 팬들은 동성애를 정당하기보다 동성애자를 비롯한 왕따 같은 약자나 소수자에게 당당한 삶을 살아가라고 힘을 주는 것이라 생각한다. 이런 구도에서 기독교는 동성애자 같은 소수자나 약자에 대한 배려가 전혀 없는, 과거 마녀사냥으로 사람들을 죽인 나쁘고 추한 종교가 되는 한편, 레이디 가가는 사회에서 늘 당하는 소수자나 약자의 편을 들어주는 멋지고 당찬 기사가 된다.

이런 대립 구도를 당연하게 생각하고 그런 대립 구도를 더 심화시켜 저들을 완전 고립시켜야 한다고 할 수도 있다. 하지만 계속 강조하지만 그렇게 한다고 해서 문제가 해결되는 것은 아니다. 더욱이 현 한국 사회에서 기독교가 점점 주변화되는 상황에서 그런 힘을 언제까지 발휘할지 의문이고 기독교의 주변화가 더 진척되어 기독교인 자체가 소수자가 될 때 어떤 상황이 될지도 모른

다. 대중문화 상황이 기독교계가 의도한 대로 움직여 줄 거라고 생각하는 것은 판단 착오이다. 이제 현 문화상황을 직시하고 기독교 운동의 정당성을 담은 대응방식을 찾아야 한다.

기독교계가 교리적, 감정적 대응방식을 고집하면 할수록 저들은 더욱 대립각을 세워 맞설 것이다. 그들은 이미 기독교인의 대응 논리를 그대로 역적용하여 기독교를 비판한다. 그들은 사실 기독교가 왜곡하고 있다고 지적하며, 기독교에 대한 공격 수위를 높이고 있다. 그런 태도는 다음과 같은 말에 그대로 드러난다. "이러한 기독교인들이 가는 천국이라면 차라리 지옥을 가고 싶다." 이처럼 기독교에 강한 불신감을 강하게 드러내는 사람들의 반응을 보면서 사도 바울의 경고가 떠오른다. "하나님의 이름이 너희 때문에 이방인 중에서 모독을 받는도다."(롬 2:24) 잘못된 판단과 행동으로 인해 하나님의 이름을 욕하는 사람들이 양산되는 일이 발생했다면 그것이 하나님의 이름이 이방인 중에서 모독받게 되는 일은 아닌지 성찰해 보게 되는 것이다. 이제 내 편의대로 옳다고 생각되는 것을 무조건 행동에 옮기는 것은 조심해야 한다. 기독교 진리에 대한 확고한 믿음을 가지되 그 믿음을 사회적 행동으로 표출하고자 할 때 그것이 얼마나 정당하고 현명한지를 고민해야 한다.

이번 레이디 가가 공연이 18세 청소년에게는 금지되면서, 레이디 가가는 한국의 그런 결정에 대해 트위터로에 글을 올렸다. Born This Way Ball Tour에 오길 원하는 미성년자를 위해 목소리를 내어 준 모든 한국의 성인들에게 고맙게 생각한다. 아마 정부가 생각을 바꿀지도 모른다.”며 “서울 공연 티켓 판매에 영향을 미치지 않더라도, 부모들에게는 그들의 아이들에게 무엇이 좋은 일인지 결정하도록 더욱 신뢰가 주어져야 한다.”고 했다.[26] 이런 그녀의 대응을 보면 일반 사람들은 기독교계나 영상물등급위원회에 손을 들어주기보다는 레이디 가가의 손을 들어줄 것이다. 레이디 가가의 대응이 신사적이라고 볼 것이기 때문이다. 적어도 대응방식에 있어서는 레이디 가가가 앞서고 있다.

레이디 가가의 팬들은 그녀를 '마더 몬스터'라 부르고, 그녀는 팬들을 '리틀 몬스터'라 부른다. 이는 그들 자신이 사회에서 이상한 괴물로 보일 것이라는 점을 잘 알고 있다는 반증이다. 그래서 그들은 자신들이 공격당해도 그걸 그대로 받아들일 준비가 되어 있다. 그런 일들은 자주 있어 왔고 그들 나름대로 대처하는 방식으로 성과를 얻어 왔기 때문이다. 이런 그들을 향한 어설픈 대응은 얻는 것보다 잃는 게 많다는 것이 분명하다. 이제 비기독교적이고 반기독교적인 대중문화 현안에 대응함에 있어 정확한 문화 현실 파악에 따른 정당한 대응전략을 모색하는 방향 전환이 요구된다.


4. 기독교의 전략적 접근을 위한 담론적 제안

레이디 가가에 대해서 기독교 입장에 입각한 비판요소가 있다면 해야 한다. 그런데도 그런 기독교의 비판과 반대를 무조건 관철시키려 한다면 앞에서 살펴보았듯이 효과보다는 부작용이 많다. 이런 점을 이해하지 못하고 자신의 믿음 세계만을 고집하는 것은 '초점착각'의 오류에 빠지는 것이다. 초점착각의 본질은 어떤 사안에 대해서 중요하다고 생각하는 만큼 그것이 중요하지 않다는 것이다.[27] 이처럼 초점착각에 빠져 엉뚱한 결과를 만들어 내지 않도록 힘쓸 필요가 있다. 기독교인의 삶에 충실한 행동이 부작용을 낳을 때 전략을 바꾸는 것은 옳은 일이다. 문화의 문제를 문화로 푸는 전략적 접근을 새롭게 시도해야 할 시점에 서 있다.

기독교계가 대중문화를 향해 비판과 반대를 하는 것도 궁극적으로는 문화선교의 일환이라고 할 때 전략을 바꾸어 더 효과적인 길을 찾아야 한다. 이러한 전략적 접근은 문화를 교리로 강제하지 않고 문화로 행동방식을 바꾸는 것이어야 하는데, 이런 예를 성경에서 찾을 수 있다. 베드로가 이방인 고넬료에게 가서 복음을 전하도록 하신 하나님의 방법이 그것이다. 기존의 사고방식과 세계관에 젖어 이방인 고넬료에게 가서 복음을 전할 수 없다고 생각한 베드로의 생각을 바꾸기 위해서 하나님은 기도 중인 그에게 환상을 통해 부정한 음식을 먹으라고 하셨다(행 10:9-22). 음식문화를 통해 이방인에게 가지 않으려는 베드로의 고정관념을 바꾸어 이방인에게 가게 한 것은 하나님의 문화선교전략이었다.[28] 하나님도 그렇게 전략적으로 접근하셨다면 기독교인 또한 그렇게 하는 것이 자연스러운 일이다.

그런 면에서 기독교적 전략으로서 직접적인 비판과 반대라는 대응방식의 프레임을 바꿀 필요는 더 커졌다고 하겠다. 그렇다고 하더라도 그 프레임을 굳이 바꿀 필요가 없다며 기존의 대응방식을 유지하겠다고 할 사람들을 어찌 막을 방도가 없다. 따라서 담론적 과제를 제안하며 선택할 방향을 고민해 볼 것을 권면하는 것으로 이 글을 맺는다.

### 1) 금기적 강제냐 마음 시장 잡기냐

첫 번째로 던질 담론적 과제는 금기적 강제냐 마음 시장 잡기냐를 생각해 보고 선택하라는 것이다. 인간의 역사는 금지와 욕망 사이를 오갔다. 이 같은 현상은 사상이든, 과학이든, 예술이든 어디서곤 발생해 왔다. 교회는 서구의 역사 속에서 금지를 강요한 역할을 앞장서 왔다.

그 한 예를 들자면 다윈이 나와 「종의 기원」을 통해 진화론을 발표하고 토마스 헉슬리(Thomas Henry Huxley)가 「자연에서 인간의 위치」를 통해 다윈을 지지하였을 때 같은 반응을 보였다. 이러한 움직임에 대한 빅토리아 시대의 어느 주교 부인의 반응은 교회 반응의 축소판이라 할 수 있다. 헉슬리는 자신의 입장을 분명히 이야기했다. 인간이 서로 구분되지 않는 것처럼 짐승과 구별될 수 있는 어떤 커다란 구조적 장벽도 없다고 말이다. 이 소식을 들은 주교 부인은 완벽한 교양인의 품위로 맞서며 이렇게 말했다. "원숭이의 자손이라고! 놀랍군요. 그게 사실이 아니기를 바랍시다. 그렇지만 만일 사실이라면 널리 알려지지 않도록 기도합시다."[29] 새로운 지식의 등장에 놀라움을 표하면서 사실이라도 신앙의 이름으로 감추고자 하는 의지가 잘 드러나 있다. 이것이 교회의 심기를 불편하게 만드는 것에 대한 기본적 반응 자세이다.

같은 맥락에서 한국의 일부 기독교인들은 레이디 가가의 내한공연을 반대하고 나섰다. 이 같은 금기적 강제는 과거에도 있었고 지금도 작동하고 있고 앞으로도 계속될 것이다. 그렇지만 인간은 아담 때부터 죽더라도 금기를 깨는 일을 감행할 의지를 갖고 있다. 금기적 강제를 유일한 대응방식으로 고집하겠다면, 금기를 깨는 데 선수인 인간을 늘 염두에 두고 반복적인 패턴의 싸움을 지루하게 해 나가야 할 것이다.

대안적 대응방식은 마음 시장을 잡는 것이다. 대중문화산업이 발전하면서 소비자들의 마음을 사로잡는 경쟁이 이루어지고 있다. 이에 경영 이론에서는 '마음 시장'(mind of market)이 중요한 이슈로 떠올랐다. 이를 처음 제시한 제럴드 잘트만(Gerald Zaltman)은 뇌, 신체, 마음 사회 간에 이루어지는 상호 연계구조를 제시하고 경영자와 소비자 간의 상호 작용을 두고 일어나는 것을 마음 시장이라 규정하였다. 그 마음 시장에는 의식적 차원의 상호 작용과 무의식적 차원의 상호 작용이 있는데 경영자는 그동안 전체에서 큰 비중을 차지하는 무의식적 차원의 상호 작용 관계를 파악하여 마케팅에 적용하는 데 실패하였다며 새로운 미개척지를 개발하려면 이 마음 시장에 주목해야 한다고 주장하였다.[30] 잘트만의 이론에 주목한 업계는 소비자의 마음 시장을 잡기 위해 갖가지 연구와 노력을 아끼지 않고 있다.

소비자 시대에 마음 시장을 주목해야 한다는 이론은 기독교계에 신선한 시사점을 준다. 대중문화 현실에서 복음전파의 사명을 감당할 때 바로 이 마음시장을 잡는 것은 매우 중요한 과제로 떠오른다. 대중문화에서 터져 나오는 일과 행태는 그들의 마음이 표출되는 출구이다. 따라서 그런 대중문화의 현상들을 보고 기독교인의 마음에 드느냐 안 드느냐로 접근할 것이 아니라 그들의 마음을 읽는 텍스트로 접근하는 것이 필요하다. 이로써 그들이 표출하는 마음을 읽고 복음을 전해야 할 마음 시장이 어떤 상황인가를 알게 된다면 그들에게 접근해 갈 수 있는 길을 새롭게 볼 수 있다.

금기적 강제를 계속하는 것이 좋은지 아니면 마음 시장을 잡아 그들을 얻을 수 있는 방법을 찾는 것이 좋은지는 각자의 몫이다.


### 2) 울타리 치기냐, 울타리 넘기냐

두 번째로 던지고 싶은 담론적 과제는 울타리 치기냐 울타리 넘기냐 이다. 교회는 세상과 구별되어야 할 거룩함을 갖는다. 박해받을 때는 숨느라 세상과 벽을 세웠다면 세상의 인정을 얻었을 때에는 타락하지 않기 위해 세상과 벽을 쌓았다. 그렇게 함으로써 교회는 세상에 울타리를 쳤다. 고딕이라는 교회 건축양식이 그것을 대변한다. 위엄 있게 세상과의 차별성을 강조함으로써 교회는 자신을 지켜 왔다. 이런 일은 역사적 상황 속에서 어느 정도 필요했다. 이 사실을 인정하지 않는 것은 상황 인식을 잘못하는 것이다.

교회가 상황변화 내지 문명전환 속에서도 자기의 위세를 과시하며 위용을 위해 친 울타리는 한국 교회에도 그대로 흘러들어 온 것 같다. 1970년대 성령운동의 결과 성장의 최고점을 찍은 후 바로 하향 곡선을 그리면서 교회의 울타리는 높아지고 그 안에 들어가 보지 않고는 알 수 없는 장벽이 되고 말았다. 진리와 생명에 멀어지는 세상과의 소통은 막히고 교회 밖의 소외당해 외롭고 약한 사람들과의 만남은 끊어졌다. 그 결과 청년들이 교회에 발길을 들여놓지 않는 현상이 뚜렷해졌다.

그러자 교회는 어쩔 수 없는 변신을 시도했다. 예배에 기타와 드럼을 허용하고 CCM을 불렀다. 영상도 활용하며 다양한 형태의 도구들을 도입하였다. 이는 교회의 울타리 허물기로 이해된다. 청소년들을 끌어안기 위한 교회의 노력을 엿볼 수 있는 대목이다. 교회는 세상과 구별 짓기 위해 쳐 놓은 울타리를 허물고 사람들이 쉽게 교회 안으로 발을 들여놓을 수 있도록 자기를 깼다. 그러나 그것은 눈에 보이는 울타리를 허문 것일 뿐, 그 이상도 그 이하도 아니었다. 교회의 울타리를 허물고 이쪽 교회로 오라고 외치지만 교회 밖 사람들은 기대만큼 호응해 오지 않았다. 여전히 눈에 보이지 않는 울타리가 작용한다는 이야기이다. 달리 말하자면 교회는 여전히 자기 울타리를 치고 있다는 반증이다.

그렇다면 다른 대안은 없을까? 그것은 울타리 넘기이다. 울타리 넘기는 울타리 허물기에 그치지 않고 교회 울타리를 넘어 세상 속으로 들어가는 것이다. 교회 울타리 안으로 오라고 하는 것이 별 효과가 없음을 깨닫게 되었다. 이제 교회 울타리 밖으로 넘어가서 세상과 섞여야 한다는 점을 심각하게 고려하지 않을 수 없게 된 것이다. 이는 울타리를 넘어 세상 속에 들어가는 선교적(missional) 사명을 실행에 옮기는 것이다.

이머징 교회(emerging church)의 선도적 역할을 한 존 버크(John Burke) 목사는 울타리 넘기의 예를 보여 준다. 새로운 목표로 설립된 그의 교회는 예배 후 로비로 나와 대화를 하는데, 그 대화 내용의 주제를 보면 낙태, 혼전섹스, 진화론 또는 기독교 하위문화의 다른 핫 토픽들에 관한 것이었다. 이 교회에 온 기존 신자들은 그들이 어떤 거룩한 신념들을 갖지 않고 그런 주제를 말하는 것에 학을 뗐다. 이런 사실을 말한 버크는 이런 말을 한다. "나를 잘못됐다고 보지 마라. 나는 도덕 포기를 옹호하고 있는 것이 아니다. 그러나 묻고 싶은 것은 왜 세속 사회가 기독교 사회처럼 행동할 것으로 기대하는가라는 것이다."[31] 버크 목사가 던지는 질문은 정곡을 찔러 진지한 고민을 하게 만든다. 그의 질문을 진지하게 받는다면 교회 울타리 너머에 있는 사람들에게 도달할 수 있다.

사실 교회 밖에 있는 사람들은 교회 안에 있는 사람들이 생각하는 사람들이 아니다. 그들은 문화변동에 따라 새롭게 탄생한 그야말로 새로운 종류의 사람들이다. 이들에게 다가가 복음을 전하려면 새로운 종류의 그리스도인이 되는 것이 필요하다. 이런 새로운 종류의 그리스도인은 버크 목사의 지적처럼 기성 교회 안에서는 소수자이지만 사도 바울처럼 기꺼이 그들의 안락한 지대에서 벗어나 고린도 같은 난잡한 이교적 문화 속으로 들어가는 모험을 하려는 사람들이다.[32] 오늘 그리스도인이 처한 상황은 고린도교회의 상황과 다르지 않다. 교회가 쳐 놓은 울타리를 스스로 넘어 새로운 종류의 사람들에게 가는 것은 비기독교적이자 반기독교적인 문화현실에서 부활하신 예수 그리스도의 보냄을 받은 자의 사명이다.

울타리 치기로 안주할 것이냐 울타리 넘기로 모험할 것이냐는 대중문화시대를 살아가는 그리스도인들에게 주어지는 중대한 선택의 기로이다.

### 3) 인간을 넘어 하나님의 길 보여 주기

레이디 가가의 내한공연을 비판하고 반대하는 것은 자유다. 그렇다면 레이디 가가의 공연을 보고자 하는 것도 자유다. 이런 상황에서 어떻게 하는 것이 하나님 앞에서와 사람들 앞에서 좋은 대처인지는 각자의 선택에 달려 있다. 그에 대한 책임은 시대적 결과를 낳을 것임을 잊지 말고 대중문화 현실에 대한 지혜로운 대응방식을 찾는 일이 중요하다.

문화 현실을 대응하는 방식에는 보통 순종 아니면, 저항 두 길이 있다. 그러나 그것은 해결책을 담고 있지 않다. 인간 안에서 선택되는 길은 언제나 한계가 있기 마련이다. 이에 허약한 인간을 넘어서려는 초인간적인 길을 찾아야 한다. 이런 예들은 20세기 예술가들에게서 발견되는데, 월터 드 마리아(Walter de Maria)의 작품 〈2000 조각(2000 Sculpture)〉이 그 초인간적인 길을 찾아가라고 이끈다. 볼프강 벨쉬(Wolfgang Welsch)는 다음의 논평으로 그 사실을 알려 준다. 넓은 공간에 전시되는 월터의 작품은 엄격한 기하학적 형태를 띤 정연한 질서 속에 배치된다. 관객이 이 작품을 보려면 주위를 걸어야 한다. 그렇게 할 때 걷는 위치마다 작품은 다양한 모양으로 보이게 되어 있다. 그런 가운데 작품에 대한 놀라움과 함께 그때마다 다양한 관점들이 있음을 깨닫게 되는데, 그렇게 보이는 것 중 어느 것도 안정적으로 작품에 대한 고정된 생각이 생기지 않는다. 그래서 이 작품 자체가 보여 주고자 하는 것이 무엇인지 결코 잘 알 수가 없다. 벨쉬는 이 작품 감상에 대해서 이렇게 말한다.

"관점들의 흐름밖에 없다. 작품의 완벽한 기하학적 배열에도 불구하고 이해 불가능하다는 느낌을 받는데, 당신의 지각 한가운데에서 인간적 기대와 이해를 초과하는 어떤 솟아오르는 것을 깨닫게 된다."[33]

이로써 관객은 인간의 한계를 느끼고 인간을 초월하는 그 무엇을 찾게 된다.

예술가의 감각으로 인간을 넘어선 그 무엇을 지향하는 것에서 많은 시사점을 얻을 수 있다. 그래도 그것은 정답이 아니다. 하나님 나라의 관점은 인간을 넘어서서 그 이상의 것을 바라보는 것과는 다르기 때문이다. 이 점을 입증해 보여 주는 것이 바로 이 대중문화시대의 그리스도인이 감당해야 할 책무이다.

**박양식.**
숭실대학교 사학과를 나와 서강대학교 대학원에서 서양사 전공으로 석사와 박사 학위를 받고 서울신학대학교 신학대학원에서 역사신학을 전공하였다. 1980년 문화선교 '보냄과 세움'을 설립하여 현재 대표로 활동하고 있고 2000년 예수랑교회를 개척하여 섬기고 있다. 현재 한신대학교 학술원 연구교수로 재직하면서 종교인 구술사 연구를 하고 있다. 숭실대학교 기독교학대학원과 서울신학대학교 대학원에 출강 중이다.

1) Alex Ross, 『나머지는 소음이다: 세계적 음악평론가 알렉스 로스의 20세기 음악 산책』, 21세기북스, 2010, 722-723.

2) Stephen Thomas Erlewine, "Biography," http://allmusic.com/artist/lady-gaga-p1055684/biography

3) "레이디 가가" http://ko.wikipedia.org/wiki/%EB%A0%88%EC%9D%B4%EB%94%94%EA%B0%80%EA%B0%80

4) 신경진, "레이디가가, MTV EMA 최다 수상 '4관왕'," http://www.mtv.co.kr/news/news-20111107-naeil/

5) Erlewine, "Biography."

6) John Dingwall, "THE FEAR FACTOR; Lady Gaga used tough times as inspiration for her new album" http://www.thefreelibrary.com/THE+FEAR+FACTOR%3B+Lady+Gaga+used+tough+times+as+inspiration+for+her...-a0213005824

7) 오세희, "'유튜브의 여왕'…레이디 가가, 사상 최초 조회 수 10억 명 돌파." http://news.sportsseoul.com/read/entertain/889558.htm

8) 최원석, 한기창, "영상미디어에 등장한 레이디 가가의 패션 스타일 분석과 패션 이미지 연구 - 하위문화 형성을 중심으로," 『한국디자인문화학회』(2011), 650.

9) 고경민, "레이디 가가, VMA 2010 생고기 드레스 패션 '파격의 '격'이 달라'," http://news.newsen.com/news_view.php?search=title&searchstring=%B7%B9%C0%CC%B5%F0%B0%A1%B0%A1&uid=201009131507201001

10) 전소희, "레이디 가가 생고기 드레스, 美 로큰롤 명예의 전당에 전시." http://tvdaily.mk.co.kr/read.php3?aid=1308290488168822011

11) 김영현, "레이디 가가 "난 의상 위해 음악 만든다."" http://news.naver.com/main/read.nhn?mode=LSD&mid=sec&sid1=106&oid=001&aid=0002516593

12) Chris Harris, "Lady GaGa Brings Her Artistic Vision Of Pop Music To New Album - And A New Kids Song: The 'Just Dance' singer adds interactive multimedia and fashion to her '70s-inspired dance music." http://www.mtv.com/news/articles/1589013/lady-gaga-revives-art-pop-music.jhtml

13) 이청원, "팝스타 레이디 가가, 에이즈 퇴치에 나선 이유?," http://polinews.co.kr/viewnews.html?PageKey=0101&num=102984

14) 김유경, "역시! 레이디 가가, AIDS 캠페인 립스틱 불티나게 판매," http://www.newsen.com/news_view.php?uid=201003021410331004

15) 채치훈, "레이디 가가를 '죽음'에서 구해 낸 갑부는?," http://www.ukopia.com/ukoHollywood/?page_code=read&uid=137786&sid=36&sub=3-20

16) 이진수, "레이디 가가는 레즈비언?" http://www.asiae.co.kr/news/view.htm?idxno=2009121115011648433

17) Jocelyn Vena, "Lady Gaga On Success: 'The Turning Point For Me Was The Gay Community': 'They'll always stand by me and I'll always stand by them,' Gaga says of her gay fans." http://www.mtv.com/news/articles/1610781/lady-gaga-on-success-turning-point-me-was-gay-community.jhtml

18) 위의 글.

19) "Lady Gaga Launches 'Born This Way' Foundation With Harvard Graduate School of Education" http://www.huffingtonpost.com/2012/01/19/lady-gaga-launches-born-this-way-foundation_n_1217701.html

20) 유영대, "레이디 가가 내한공연 반대: 한국교회언론회 '음란문화 조장 우려'." http://pdf.kukinews.com/viwer.html?exec=viewsearch&height=1640&CNo=112359299

21) 한준호, "영등위·기독교 단체는 레이디 가가 열혈팬?…18금 판정에

티켓 문의 폭주." http://sportsworldi.segye.com/Articles/EntCulture/Article.asp?aid=20120411001335&subctg1=10&subctg2=00

22) 위의 글.

23) 김세혁, "레이디 가가는 '사탄숭배자' 팬들 갑론을박." http://news.sportsseoul.com/read/entertain/983611.htm

24) Theodor Gracyk,『록 음악의 미학: 레코딩, 리듬 그리고 노이즈』, 장호연 옮김, 이론과실천, 2002, 243.

25) 정수복,『한국인의 문화적 문법: 당연 세계 낯설게 보기』, 생각의나무, 2007, 47.

26) 김도형, "'18금 논란' 레이디 가가 '한국 성인들에 감사'." http://www.hani.co.kr/arti/culture/culture_general/526502.html

27) Daniel Kahneman,『생각에 관한 생각: 우리의 행동을 지배하는 생각의 반란』, 김영사, 2012, 490-491.

28) 박양식,『성경에서 찾은 문화선교전략』, 예영커뮤니케이션, 2011, 13-28.

29) Roger Shattuck,『금지된 지식: 프로메테우스에서 포르노그래피까지』, 조한욱 옮김, 텍스트, 1996, 19.

30) Gerald Zaltman,『How Customers Think: 소비자의 숨은 심리를 읽어라』, 21세기북스, 2004, 72-77.

31) John Burke, *No Perfect People Allowed: Creating a COME AS YOU ARE Culture in the Church, Grand Rapids: Zondervan*, 2005, 18.

32) 위의 책.

33) Wolfgan Welsch, "심미주의를 넘어선 예술," in Jerome Binde 엮음,『가치는 어디로 가는가?: 유네스코, 21세기의 대화, 세계의 지성 49인에게 묻다』, 이선희, 주재형 옮김, 문학과지성사, 2008, 145.

# 06

## 혼란에 빠진 영성, 레이디 가가의 세계관과 영성

'레이디 가가 현상'에는 단순히 세계적인 대중음악 스타의 음악적 성공으로만 설명할 수 없는 그 무엇이 있다. 레이디 가가는 첫 앨범을 낼 때부터 특별한 관심과 논란의 한가운데 서 있었다. 아마도 레이디 가가가 단지 대중을 즐겁게 하는 음악을 노래하고 보여 주는 데서 그치지 않고, 자기의 세계관을 대중에게 설득하려 했기 때문일 것이다. 이 점에서 그녀는 한걸음 앞서 세계 팝계의 디바 자리를 굳힌 브리트니 스피어스나 비욘세(Beyonce)와 다르다. 레이디 가가의 독창성을 들라면 흉내 내기 어려울 정도로 도발적인 의상과 행위예술만은 아니다. 그녀의 독특함은 그녀가 음악을 통해 전파하는 세계관과 영성에서도 나온다. 그녀의 이런 독창성이 종교계, 특히 기독교계에 끊임없이 극단적으로 상이한 평가와 논란을 생산해 내고 있다. 레이디 가가에게 존재하는 이 독특함의 정체는 무엇일까? 이 글에서 나는 기독교의 입장에서

‘레이디 가가의 세계관과 영성’을 분석하려고 한다. 분석의 결과, 그녀의 인격과 음악에는 기독교와 세속주의와 포스트모더니즘이라는 다층위가 존재하며 유동적으로 혼합되어 있다는 사실이 드러날 것이다. 그녀는 가톨릭 신앙에서 출발하여 세속적 성공주의와 포스트모던 문화의 한가운데서 ‘혼란에 빠진 영성’의 소유자라는 것이 나의 결론이다. 이러한 결론은 이 책을 읽는 독자들이 레이디 가가에 대해서 나름대로 가졌던 이미지나 평가와 다를 수도 있을 것이다. 그러나 그녀에 대한 진실에 다가가기를 원한다면 이 글과 더불어 짧은 여행을 해보는 것도 무의미하지 않을 것이다.



## 1. 레이디 가가를 지탱하는 세계관은 무엇인가?

### 1) 가톨릭 신앙(Catholic Christianity)

그녀의 본명인 스테파니 조앤 안젤리나 저마노타가 말해 주듯이 레이디 가가는 뉴욕시에서 태어나 자란 전형적인 이탈리아계 미국인이다. 대부분의 이탈리아계 미국인이 그렇듯이 그녀의 가족도 가톨릭 교회에 나갔다. 인터넷 비즈니스에 종사하던 그녀의 부모는 경제적인 부담에도 불구하고 그녀를 뉴욕 맨해튼에 있는 가톨릭계 사립학교인 성심여자학교(the Convent of the Sacred Heart)에 보냈다. 그 덕에 올해 26세가 되는 그녀는 고등학교를 졸업할 때까지 생애의 삼분의 이를 가톨릭적인 환경에서 살아왔다.

그녀는 부모와의 관계도 상당히 좋은 편이었고 한 번도 가톨릭 신앙을 떠나기로 선언했거나 거부한 적이 없었다.[1]

그녀가 다닌 성심여자학교는 뉴욕에서도 가장 오래되고 엄격한 가톨릭 여학교로서 유치원부터 고등학교까지 여학생만 교육한다. 이 학교의 교육 방침은 중상류층 집안의 우수한 여학생들에게 가톨릭 신앙, 도덕, 학문적 능력을 준비시키는 데 있었다. 웬만한 대학 등록금보다 더 비싼 학비를 내야 하는 이 학교에는 존 F. 케네디 대통령의 딸 캐롤라인(Caroline)과 끊임없이 화제를 뿌리는 패리스와 니키 힐튼(Paris & Nicky Hilton)이 다녔다. 이 학교의 모든 학생은 교복을 입어야 했으며 가톨릭 종교수업을 들어야 했고 때로는 뉴욕에 있는 수도원으로 피정을 가기도 했다. 모든 학생들의 생활은 수녀들에 의해 관리되었고 수준 높은 수업과 과제물 때문에 매일 저녁 4시간씩 과제를 하지 않으면 학업을 따라가기 어려울 정도였다. 이 학교에서 스테파니는 '충실한' 학생이었다. 여러 과목 중에서 그녀가 정말로 좋아했던 과목은 역사와 음악과 퍼포먼스였다. 그녀는 학교 공부와 동시에 합창단과 밴드, 연극 팀에서 적극적으로 활동하는 학생이었다. 또 하나 주목할 만한 일은 그녀가 이 학교를 졸업할 때, 예술(the arts)과 기독교(Christianity)에 대한 졸업논문을 썼고 최고점을 받았다는 사실이다.[2] 이런 사실을 종합해 볼 때, 그녀가 가톨릭의 교리와 예전에 대해서 잘 알고 있다고 보아야 한다. 스테파니는 고등학교를 졸업하고 유명한 사립대학인 뉴욕대(NYU) 예술대학를 1년 이상 다니다가 스스로 중퇴했다. 하지만 그녀는 뉴욕의 언더그라운드 클럽에서 활동할 때나 세계적인 스타가 된 뒤에도 결코 가톨릭 교회나 교리에 대해 직접적인 비판을 하지 않았다. 아마도 가톨릭 교회가 자신과 부모의 확고한 종교적 고향이기 때문일 것이다. 대신에 그녀는 독특하게 변형된 자신의 종교관을 기회가 있을 때마다 표현해 왔다. 그녀에게 자신의 종교관을 말하라고 한다면 이렇게 대답할 것이다.

"나는 창조주(Creator) 하나님을 믿지만, 그 하나님은 나에게 다양하게 나타난다. 하나님은 내 친구들과 팬들의 있는 그대로의 모습을 통해서 나에게 나타난다. 그렇기 때문에 하나님은 나와 그들의 죄를 따지지 않으신다!"

그녀는 인터넷 포털사이트 구글(Google)과의 한 인터뷰에서 이렇게 말했다.

"나는 나의 팬 속에서 하나님을 본다!"[3]

### 2) 세속적 성공주의(secular successism)

레이디 가가가 안정적인 뉴욕대생의 생활을 박차고 나와 뉴욕 이스트 빌리지(East Village)의 클럽과 카페로 뛰어들 수 있었던 힘은 생생한 음악을 배워서 팝 아티스트로 성공하고자 하는 강한 열망과 의욕에 있었다. 그녀는 뮤지션으로 성공하기 위해 그녀의 음악적 재능과 춤과 퍼포먼스에 승부를 걸었다. 그녀는 섹스어필과 페미니즘을 보여 주기 위해 어떤 의상도 입거나 벗을 준비가 되어 있었다. 팬들을 자극하고 강한 인상을 주기 위해서 몸에 피를 바르는 연출을 하거나 해골을 걸치거나 어떤 몬스터의 역할도 기꺼이 맡을 준비가 되어 있었다. 그녀의 기발한 퍼포먼스는 결국 두 가지에 초점을 맞추고 있다. '명성'(fame)과 '성공'(success)이다. 그녀도 이스트 빌리지의 카페에서 웨이트리스를 하고 작은 클럽에서 고고댄서로 춤을 추고 허름한 아파트에 돌아와 코카인에 취한 채로 자신의 성공에 대해 의심에 휩싸일 때가 있었다. 그러나 그녀는 누군가가 자기를 알아주기 전에 스스로를 돕기로 했다. 그동안 자기가 경험한 음악의 요소들을 사용하여 작곡을 한 후, 돈을 모아서 스스로 자기 작품을 무대에 올리기 시작했다. 그녀의 철학은 '스스로의 능력 부여'(self-empowerment)였고 그녀가 추구한 것은 '강한 여성의 정신력'(tough female spirit)이었다. 그녀는 《코스모폴리탄》지와의 인터뷰에서 이렇게 말했다.

> 내 노래가 결코 히트하지 못하고 그래미상을 받지도 못하며, 뮤지션으로 성공하지 못할 거라고 말하는 남자친구가 있었다. 난 그에게 정색을 하고 말했다. '언젠가 우리가 함께 있지 않을 때, 너는 편의점에서 내 노래를 듣거나 TV에서 나를 보지 않고는 커피를 마실 수 없게 될거야!<sup>4)</sup>

레이디 가가는 이 집념으로 20세가 되는 2006년 자신의 작은 밴드를 조직하고 첫 음반(EP)를 녹음했다. 이 음반의 제목은

〈Red & Blue〉였고 여기에 다섯 곡의 자작곡이 실려 있었다. 이 음반은 데이비드 보위에게서 영감을 받은 것으로 세간의 호평을 받았고 그해 수상한 9명의 신인 싱어송라이터의 하나가 되었다. 이 음반을 통해서 그녀는 유명한 프로듀서들의 눈에 띄게 된다. 그렇게 나온 본격적인 첫 음반이 〈The Fame〉이다. 이 노래에는 그녀의 삶의 고백과 인생철학이 담겨 있다. 가사의 일부를 살펴 보자.

Fame, doin' it for the fame

명성, 명성을 위해 살지

Cause we gotta taste for champagne

왜냐면 우린 샴페인과

And endless fortune

끝없는 부를 맛봐야 하니깐

Fame, fame baby

명성, 명성!

The fame, fame

그 명성, 명성 말이야

We live for the fame, fame baby

우린 명성을 위해서 살아, 명성 말이야

The fame, fame

바로 그 명성, 명성을 위해

레이디 가가의 세속적 성공주의의 배후에는 현대사회를 움직이는 거대한 사상이 있다. 18세기 유럽에서 형성된 이 사상은 철학사에서 계몽주의(the Enlightenment)로 알려져 있다. 계몽주의는 17세기 자연과학의 발전에 힘입어서 근대사회를 움직이는 강력한 사상으로 등장했는데, 철저히 인간 중심의 낙관주의이다. 이제 성숙하게 된 인간은 자신의 이성과 경험을 최대한으로 잘 사용하면 희망적이고 낙관적인 미래에 도달할 수 있다는 신념이다. 따라서 이 계몽주의는 우선 유럽의 주도적인 종교였던 기독교를 배척한다. 왜냐하면 기독교는 하나님의 최고 주권을 강조하고 인간을 신의 은총과 섭리 아래 놓기 때문이다. 계몽주의자들에게 이제 더 이상 신의 간섭은 무용하므로 정치와 경제와 사회와 교육의 전 영역에서 기독교의 영향은 배제되었다. 초자연적인 세계관이 부정되고 철저하게 인간 중심의 가치와 능력으로 새로운, 자유롭고 평등하고 우애 넘치는 사회를 만드는 것이 역사의 과제와 의미가 되었다.[5] 레이디 가가의 경우 전형적인 중산층 이탈리아계 가정에 데어나 상류층이 다니는 가톨릭 여학교에서 사춘기를 보냈다. 음악에 뛰어난 재능을 보였던 그녀는 자신의 재능을 이용하여 뮤지션으로 성공하면 최상류층이 될 수 있음을 믿었다. 그녀는 이 믿음대로 강한 의지력을 가지고 최선을 다했고 누구보다도 단기간에 부와 명성을 얻었다. 레이디 가가의 세속적 성공주의는 그녀의 가치관이나 예술관의 형성에도 결정적인 영향을 주었다.

레이디 가가에게 성공의 원천은 그녀의 팬들이다. 그녀는 팬에 의해 그녀의 부와 명성이 결정된다는 것을 잘 알고 있다. 그러

나 동시에 팬들은 그녀의 '매니퓰레이션'(manipulation)의 대상이
다. 그녀의 음악은 반복(repetition)을 최대한 활용한다. 그녀는 여
러 유형의 상징을 담은 의상들을 반복해서 입는다. 또한 그녀는
정기적으로 토크쇼에 나가서 같은 이야기를 반복한다. 그녀의 팬
들을 끊임없이 조작해서 그녀의 명성을 유지하기 위해서이다. 그
녀에게 진지한 예술에 대한 철학은 없다. 그녀에게 "예술은 속임
수일 뿐이다." 매일 그녀가 하는 활동은 그 속임수를 진실로 만
들기 위해 그 속임수를 없애는 일이다.[6] 즉 영리한 그녀는 그녀의
예술이 '위대하지' 않다는 사실을 누구보다도 잘 안다. 그러나 그
녀의 예술은 비록 위대하지 않지만, 유명하고 자극적이다. 만일
그녀가 동시에 들려주고 보여 주는 음악과 의상과 행위예술이 팬
들의 감성과 사고를 자극할 수만 있다면 성공한 것이다. 그리고
이 성공이 그녀에게 가장 중요하다. 그렇기 때문에 그녀가 만들
어 내는 모든 비주얼 이미지들과 정신적인 내용을 담은 스토리들
은 그녀의 진심을 담지 않을 수도 있다. 어디까지 그녀의 진실한
생각인지, 아니면 명성을 유지하기 위한 '연출'에 불과한지 아무
도 알 수 없다. 상대적으로 무대장치와 의상 등의 비용이 많이 들
어가는 그녀에게 그녀의 일거수일투족은 상업적으로 계산된 행
동으로 볼 수밖에 없다.[7]


### 3) 포스트모더니즘(Postmodernism)

실제적인 대중예술의 세계를 경험하기 위해 레이디 가가가

머물렀던 이스트 빌리지는 많은 성공한 예술가들이 예술활동을 시작했던 곳이다. 패티 스미스(Patti Smith), 마돈나, 라몬즈(the Ramones), 앤디 워홀이 여기에 머물면서 예술적 성공을 꿈꿨다. 레이디 가가에게 마돈나는 이탈리아계 미국인이라는 비슷한 배경을 가진 자신의 롤모델이면서도 극복해야 할 대상이었다. 그러나 그녀가 가장 예술적인 영감을 받은 사람은 앤디 워홀이었다. 워홀은 슬로바키아 이민의 아들로 피츠버그에서 태어나, 미국의 팝아트의 대표자가 된 예술가로서 음악과 퍼포먼스에 대한 레이디 가가의 사고에 결정적인 영향을 주었다.[8] 레이디 가가는 워홀에게서 캠벨 수프캔(Campbell Soup Can)이나 브릴로 박스(Brillo Boxes) 같은 가장 익숙한 물건이나 엘비스 프레슬리(Elvis Aron Presley)나 재클린 케네디(Jacqueline Kennedy Onassis) 같은 사진 이미지들을 단순화시키고 반복적으로 배열하여 매우 인상적인 작품을 만들 수 있다는 사실을 배웠다. 워홀의 작품세계에서는 어떤 타부도 없으며 어떤 수단도 허용되었으며 빠르고 강한 효과만이 중요했다. 워홀은 어떤 예술적 가치의 존엄성도 인정하지 않으며 어떤 미적 대상의 위계질서도 인정하지 않았다. 모든 예술 대상과 작업방식은 뒤섞일 수 있으며 이렇게 만들어진 어떤 이미지도 그에게는 대등한 예술이었다. 더 나아가서 워홀은 예술이 작가 혼자서 창작한다는 통념을 부수어 버렸다. 그는 그와 생각을 같이하는 다양한 예술가와 보헤미안들과 함께 작업하는 스튜디오인 '팩토리'를 만들어서 작품을 대량생산했다.[9] 이러한 특징이

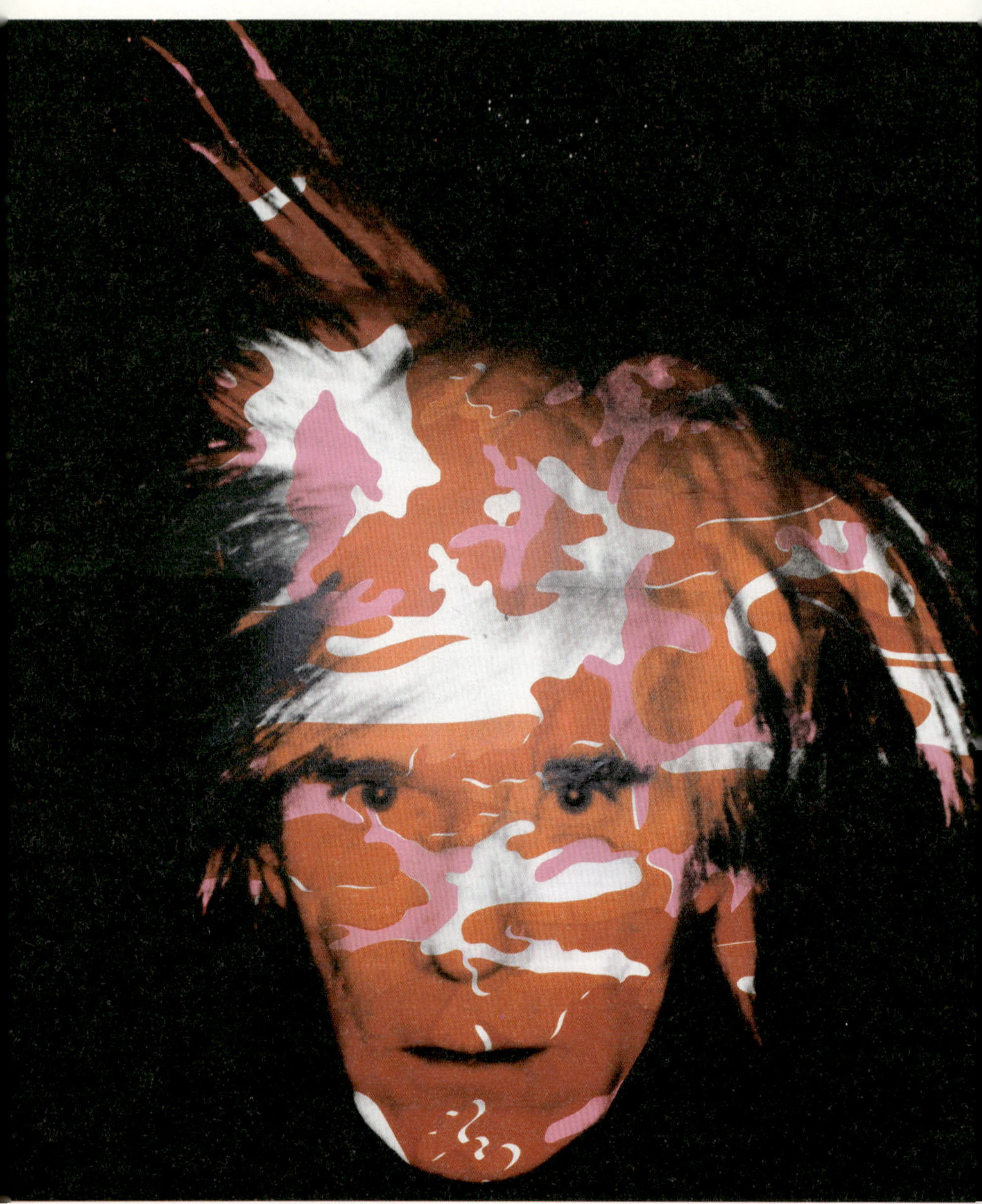

앤디워홀, Camouflage self-portrait(Red), 1986

워홀의 미학과 작품 활동 방식에 포스트모더니즘이란 이름을 붙이게 만들었다.

포스트모던 예술에서는 어떤 가치도 더 우월한 가치가 아니며 방법적으로도 어떤 한계나 경계도 없다. 모든 가치가 상대화되고 모든 경계를 뛰어넘어서 혼성 모방과 퓨전이 가능한 예술이 포스트모던이며, 바로 이 예술의 정신이 레이디 가가에 의해 선택되었다. 따라서 레이디 가가에게 음악은 홀로 존재하지 않으며 시각 및 의상 디자인과 행위예술이나 무대예술과 혼성되어서 관객들에게 강렬한 인상을 준다면 성공적인 예술이 된다. 대중음악의 정의에 대한 변화가 일어난 것이다.

또 하나 레이디 가가의 포스트모던적 예술의 모체가 된 음악 장르가 영국의 '글램록'이다. 글램록은 1970년대 영국사회의 아웃사이더인 하위문화에서 생겨난 대중음악으로 주류사회와 기성세대에 대한 반항정신을 환상적인 사운드, 뮤지션의 짙은 화장과 양성적인 의상, 화려하고 연극적인 무대공연을 통해 표현한 음악이다. 이 글램록의 대표자는 티 렉스의 마크 볼란(Mark Bolan), 데이비드 보위, 엘튼 존, 그룹 퀸 등인데, 이들은 기상천외한 의상과 분장, 머리 모양, 무대 도구와 연기를 동원하여 음악에 철저히 계산된 시각효과를 더하여 청년세대의 감성을 자극했다. 이 글램록의 또 하나의 특징은 동성애 코드에 있다. 글램록의 대표적인 가수들은 한결같이 동성애자이거나 양성애자였고 그들의 팬들도 동성애자가 많았다. 글램록은 기존의 성 관념을 조롱하며 '이성애'가 정상이라고 말하는 사회에 반대하여 '호모 섹슈얼' 이미지를 보여 준다.[10] 레이디 가가는 아주 선명하게 이 글램록의 장르를 자신의 무대에서 재현하고 있다. 다만 경쾌한 일렉트로닉 음악과 팝 음악에 성적 매력과 춤, 때로는 어둡고 괴기스럽고 때로는 팝 아트적으로 가벼운 무대장치의 시각효과로 글램록의 아이디어를 한 세대 후에 재현했다고 볼 수 있다. 레이디 가가의 공연을 직접 관람한 문화평론가 이동연의 평처럼 "잘 만들어진 미디어 아트와 지적이고 다성애적인 퍼포먼스 그리고 첨단의 전자적 장치들이 혼합된 이 공연은 분명 새로운 디지털 테크놀로지 시대를 대변하는 포스트 팝아트를 지향하고 있다."[11]

정리하자면 레이디 가가의 음악과 공연 속에 깔려 있는 사상의 한 측면은 포스트모더니즘이다. 포스트모더니스트에게는 사물의 이치나 논리보다는 감성의 자극과 시각적 효과를 통한 욕망의 충족이 더 중요하다. 그리고 이 사상에 논리가 있다면 끊임없이 기성사회의 합리적이고 공적인 질서와 가치를 부정하고 비난하며 무언가 다른 가치를 옹호하는 데 있다. 기존의 사회조직에 대해 불신하고 주류문화 대신 비주류문화를 옹호하고 기성 종교보다는 정체가 불분명하지만 새로운 영성을 선호한다. 전통적이고 모던적인 이성애의 가치에 반대해서 동성애의 가치를 옹호하는 것이 포스트모던 문화의 특징이다. 레이디 가가는 자신을 이 새로운 전통 위에 위치시키고 그들의 가치의 대변인을 자임하고 나섰다. 다만 레이디 가가를 바라보는 사람에게는 이 세 가지의 서로 모순되는 이념과 가치들이 어떻게 한 사람 안에 통합적으로 존재할 수 있는지가 놀라울 따름이다. 가톨릭 신앙, 세속적 성공주의, 포스트모더니즘이 긴장 속에서도 하나로 어우러져 레이디 가가의 세계관을 형성하고 있는 것은 오늘날의 문화가 포스트모던적이라는 방증인지도 모른다.


## 2. 레이디 가가는 사탄숭배자인가?

불과 3-4년의 기간 동안에 레이디 가가는 세계적인 스타가 된 동시에 사탄숭배자, 동성애 옹호자, 프리메이슨이라는 원색적이고 극단적인 비난을 받았다. 그녀가 자신을 양성애 성향이 있다고 밝히면서 동성애를 옹호하는 것은 분명한 사실이지만, 진정으로 사탄숭배자라면, 심각한 문제이다. 이미 2011년 11월에 스포츠서울닷컴에는 이런 기사가 등장했다.

최근 열애설에 휩싸인 세계적인 팝스타 레이디 가가가 노래를 통해 '사탄주의(Satanism)'를 전파한다는 의혹이 제기됐다. 일본 매체 '일간 SPA!'는 3일 기사를 통해 레이디 가가가 무대의상과 노랫말 등을 통해 사탄교 교리를 전해 왔다는 일부 의혹을 정리해 보도했다. 이에 따르면, 가가의 공연이나 뮤직비디오에 종종 프리메이슨이나 일루미나티 등 고대 비밀결사대의 심볼이 등장한다. 악마 중 하나로 알려진 '바포메트(Baphomet)'와 비슷한 몸짓을 자주 보여 주는 점도 가가의 사탄숭배에 힘을 실어 주는 요소 중 하나라는 설명이다. '일간 SPA!'는 "작가 벤자민 풀포드(Benjamin Fulford)도 저서를 통해 레이디 가가와 사탄숭배 및 사탄교의 연관성에 대해 설명했다."며 "저자는 가가의 히트곡 "Alejandro"에 여자 수도승이 악마로 변하는 과정이 나오는데 이것도 가가의 사탄숭배와 관련이 있다고 주장했다."고 소개했다. '일간 SPA!'는 "가가의 노래를 거꾸로 재생하면 사탄교에 관한 메시지가 뜬다는 지적도 있다."며 "지난 2월 그래미 시상식 때 그가 선을 보인 파충류 인간 퍼포먼스 역시 사탄교의 지도층이 파충류 인간이라는 설에 근거한다."고 덧붙였다. 유럽 각국에서는 이전부터 레이디 가가에 대한 사탄숭배 의혹이 제기되어 왔다. 이와 관련, 팬들은 "파격적 무대를 위한 설정일 뿐"이라고 맞서고 있으나 일부는 "유명 인사 여럿이 사탄교와 관련이 있다는 증거는 수없이 많다."고 지적했다.[12]

이런 레이디 가가에 대한 의혹 때문에 언론활동을 통해 기독교에 긍정적인 영향을 주기 위해 만들어진 한국교회언론회(대표 김승동 목사)는 2012년 3월에 레이디 가가의 방한공연을 비판하는 서한을 보내고 "한국의 젊은이들을 어둠과 죽음의 영으로 미혹하는 사탄의 궤계를 물리쳐야 한다."고 주장했다.[13] 이 단체의 사이트와 다른 사이트에서 볼 수 있는 레이디 가가의 사탄숭배 의혹은 다음 몇 가지이다.

1) 동성애와 음란문화에 조장함으로써 한국의 젊은이들을 어둠과 죽음의 영인 사탄에게로 유혹한다. 최근에 레이디 가가는 친구이며 요가 선생이고 동성애자인 트리셔 도니겐의 주례를 맡기 위해 목사 안수를 받을 계획이다.

2) 레이디 가가가 공연하면 그가 공연했던 국가마다 동성애를 허용하는 법안 통과가 쉽게 이루어진다고 한다. 그녀의 첫 번째 공연이었던 2009년 하반기 이후, 국내 동성애 허용에 대한 요청이 거셌다.

3) 공연 중에 기독교를 비하하고 기독교인들을 조소하는가 하면, 관객들을 향해서 함께 지옥으로 가자고 권했다.

4) 앨범 〈Born this way〉 표지에는 검은 악마 형상의 섬짓한 얼굴이 나오며 뮤직비디오에도 '마더 몬스터'의 탄생 비화를 보여 주는 영상이 나온 것을 볼 때, 그녀의 콘서트 투어는 일종의 사탄주의적 제사의식이며 부흥회이다.

5) "Alejandro"의 뮤직비디오에서는 악마의 여사제로 변모하는 수녀를 연출하고 있으며 '타락 천사'인 루시퍼가 사령관처럼 무대 전체를 내려보고 있다. 흑마술과 사탄숭배에서 사용되는 역십자가와 역펜타그램을 가가의 다리에 새기고 있다.

6) 공연 중에 피가 낭자하게 사람을 물어 뜯고 인육을 먹는 엽기적인 장면이나 해골이 나온다.

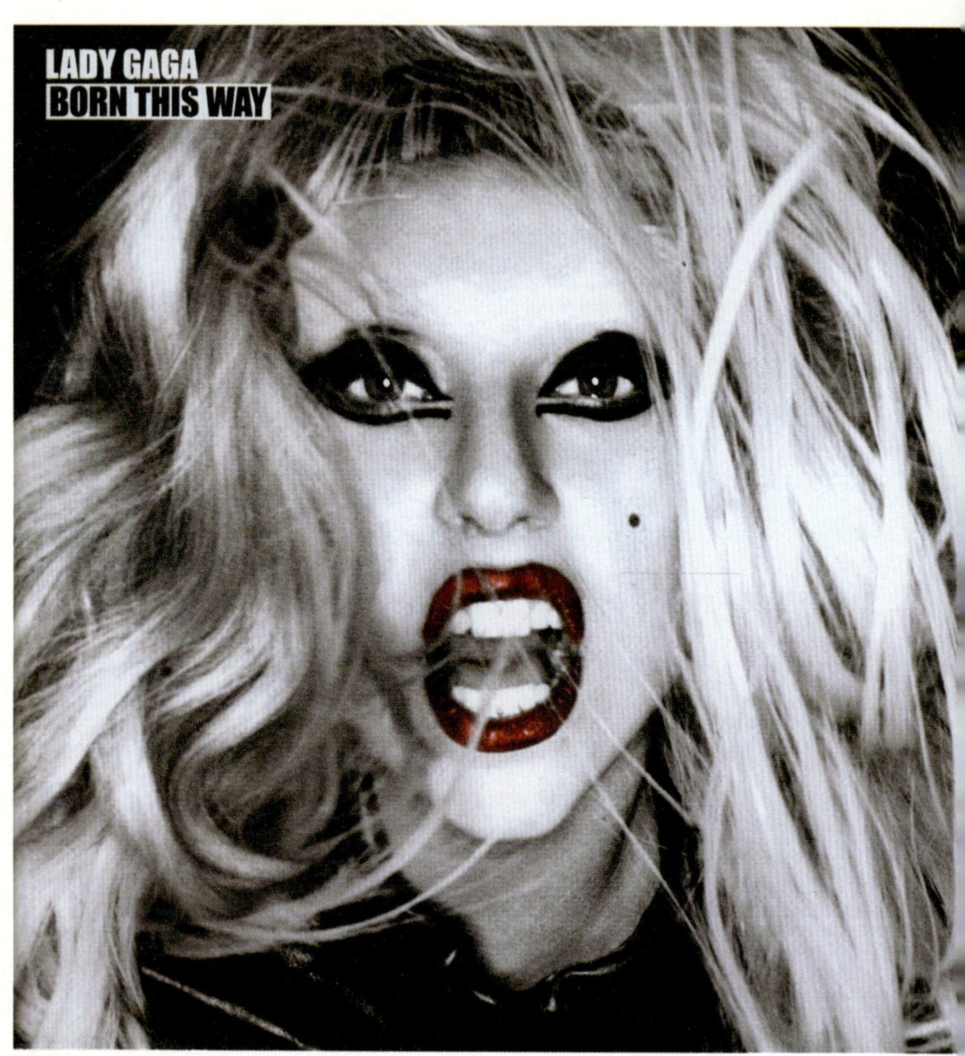


"본 디스 웨이" 두 번째 정규 앨범

레이디 가가에게 던져진 이상의 비판의 내용은 크게 세 종류로 분류될 수 있을 것이다. 첫째는 동성애를 옹호하고 주장하는 문제이다. 둘째는 뮤직비디오나 공연에 사탄숭배자로 간주될 만한 언행이나 악마에 대한 묘사가 나온다는 점이다. 셋째, 엽기적이고 잔인한 내용을 보여 주는 점이다. 이 비판 중에서 첫째와 셋째는 직접 사탄숭배나 악마주의와 관계가 없는 것으로 보인다. 문제는 두 번째 비판인데, 그녀가 마더 몬스터와 악의 화신의 역할을 하기 때문에 사탄숭배자라는 것이다. 과연 레이디 가가는 사탄숭배자일까? 이미 분석한 그녀의 세계관과 뮤직비디오와 공연 내용을 검토해 볼 때, 그녀가 사탄숭배자라는 일방적인 주장은 설득력이 약해 보인다. 그 이유는 이러한 뮤직비디오나 공연에서 보여 주는 기괴한 오컬트적 분위기는 관객에게 충격적인 볼거리를 제공하려는 신비주의 컨셉으로 보여지기 때문이다. 따라서 그녀의 공연이나 뮤직비디오에 나타나는 이런 종류의 영상이나 기독교와 관련된 퍼포먼스들은 최소한 세 가지의 의미를 담고 있다. 첫째, 그녀의 모든 퍼포먼스는 관객들에게 새로운 자극과 재미를 주기 위해 철저히 상업적으로 계산된 것이다. 그 결과 그녀의 뮤직비디오에는 기독교와 오컬티즘 상징의 혼합주의가 나타난다. 둘째, 그녀의 오컬트적 상징주의는 단순한 사탄숭배라고 하기에는 훨씬 복잡한 스토리를 담고 있다. 우주적인 선과 악의 싸움, 유니콘으로 상징되는 그리스도와 사탄과의 싸움 속에서 새로운 생명의 탄생이라는 주제가 나타나기 때문이다.[14] 셋째, 그녀는 노래의 가사나 뮤직비디오를 통해서도 기독교와 부정적으로나마 끊임없이 커뮤니케이션을 시도하고 있다.

따라서 레이디 가가의 비판자들은 동전의 다른 면도 진지하게 검토해 봐야 한다. 그것은 레이디 가가와 가톨릭의 관련성이다. 레이디 가가는 하나님과 예수 그리스도를 믿는다고 고백한다. 그녀는 지금까지 자기의 신앙적 배경이자 영적 고향인 가톨릭 교회를 단 한 번도 직접 비판하지 않았다. 오히려 그녀는 명시적으로 기독교의 하나님을 긍정한다. 물론 그녀가 고백하는 것은 전통적(traditional)이거나 정통적인(orthodox) 기독교가 아니다. 20세기 후반과 21세기에 영국과 미국의 대중예술계를 주도하는 포스트모던 문화에 의해 변형된 다른 '기독교'라고나 할까! 〈Born This Way〉에서 레이디 가가가 주장하는 하나님(capital H-I-M)은 일부에서 추측하듯이 사탄이나 이집트의 신 '호루스(Horus)'라고 할 수 없다. 레이디 가가가 같은 노래에서 'capital H-I-M'을 결국에는 'God'이라고 밝히기 때문이다. 또 하나 그녀가 노래하는 신을 기독교의 하나님으로 볼 수 있는 근거는 말썽 많은 히트곡인 "Judas(유다)"이다. 가가는 예수 그리스도를 배신한 유다가 비록 잔인하고 자기를 반복해서 배신하는 악마(the demon)임에도 불구하고 여전히 유다와 그의 아이들을 사랑할 수밖에 없다고 노래한다. 그녀는 이런 잘못된 사랑 때문에 회개할 필요가 없다. 만물을 만드시고 타락한 그대로를 사랑하는 그녀의 하나님이 있기 때문이다.[15]

동시에 그녀는 자신을 유다로부터 이끌어 내는 어떤 힘이 있음을 감지한다. 그것이 바로 '예수 그리스도의 덕'(Jesus is my virtue)이다. 이렇듯 가가의 종교는 사탄주의라기보다는 자신을 키워 준 정통적인 가톨릭의 '예수'와 자신이 욕망하고 그녀를 둘러싼 팬들이 열광하는 '유다' 사이에서 갈등하고 있는 종교다. 유다는 양성애와 동성애를 포함하는 성의 자유와 성공(명성과 돈)을 향해 질주할 수 있는 욕망의 상징이다. 그렇기 때문에 그녀는 유다를 포기할 수 없다. 동시에 그녀는 하나님을 믿는다고 고백하고 그 믿음을 그녀의 팬들에게도 전파한다!

"하나님을 믿으세요(Believe capital H-I-M)…사랑은 믿음을 필요로 해요!(Mi Amore Vole Fe Yah - love needs faith)"



3. 레이디 가가는 어디에서 혼란에 빠졌는가?

레이디 가가는 많은 토크쇼에 출연했는데, 특히 2010년 6월 유명한 래리 킹(Larry King)과의 인터뷰에서 다음과 같이 말했다.

나는 교회에 대한 나의 감정과 매우 싸우고 있어요 … 종교에 관해서 말한다면 저는 매우 종교적이에요. 전 기본적으로 가톨릭 신자이고 예수님을 믿어요. 하느님도 믿고요. 저는 매우 영적인데다 기도도 많이 해요. 동시에 어떤 종교가 다른 인종 그룹이나 종교 그룹이나 성적인 그룹을 미워하거나 비난할 수 없다고 봐요 … 저를 종교에 관해 혼동된, 매우 종교적인 여성이라고 말할 수 있어요 … 우

리는 미래에 더 평화로운 종교와 세상과 마음의 상태를 가질 거라고
믿어요. 신세대에서요 … 저는 천국에 갈 거라고 믿어요, 하지만 어
느 쪽이든 갈 수 있다고 생각돼요. 안 되나요?"[16]

그녀의 주장에 따르면 그녀는 한편으로 정통적인 가톨릭 신
자다. 어릴 적부터 교회에 다녔고 물론 영세도 받았을 것이다. 그
녀는 삼위일체 하나님을 믿는다. 예수 그리스도와 성부 하나님을
믿는다. 하나님께 기도도 많이 한다. 그리고 자신이 이 믿음 때문
에 천국에 갈 수 있을 거라고 믿고 있다. 그러나 그녀는 다른 한
편으로 신앙에 대한 자의적이고 비정통적인 주장을 편다. 종교는
성(sex)에 대해 다른 가치관을 가지고 다르게 사는 사람들을 비
판하거나 적대시해서는 안 되며 타종교를 적대시하면 안 된다는
것이다. 그녀가 옹호하는 종교는 모든 사람과 절대적인 평화를
추구하는 종교이다. 기독교에 대한 그녀의 양면성은 "Born This
Way"에서도 동일하게 나타난다.

In the religion of the insecure

불안함이라는 종교 속에서

I must be myself, respect my youth

난 반드시 내 자신을 되찾고 내 어린 시절을 존중해야 해

A different lover is not a sin

좀 다른 연인은 죄가 아니야

Believe capital H-I-M

레이디 가가의 종교는 그녀에게 항상 안정감만을 주지는 않는다. 오히려 갈등과 불안정을 준다. 이 종교는 완전하고 선한 신(God 또는 capital H-I-M)을 믿는 종교이다. 이 신은 실수하지 않는 완벽한 신이므로 모든 것을 수용할 수 있다. 따라서 이 신을 믿으면 있는 그대로의 자기 자신을 사랑하고 누구라도, 이성애자나 동성애자나 양성애자나 성전환자라도 아무 제약 없이 사랑할 수 있다. 모든 사람은 삶의 한계 속에서 무한한 긍정과 용서의 하나님을 믿고 자기 자신과 모든 성적 취향의 사람들 그리고 모든 인종을 동등하게 대하고 그들의 살 권리를 인정하는 것, 이것이 레이디 가가의 영적인 메시지인 셈이다.

Whether life's disabilities



Left you outcast, bullied or teased



Rejoice and love yourself today



'Cause baby, you were born this way



No matter gay, straight or bi



Lesbian, transgendered life



I'm on the right track, baby



I was born to survive



No matter black, white, chola, or orient made



I'm on the right track, baby

I was born to be brave

나는 용감해지기 위해 태어났어

I'm beautiful in my way

난 내 스스로의 방식으로 아름다워

'Cause God makes no mistakes

왜냐면 신은 실수하시지 않으시니까

I'm on the right track, baby

나는 올바른 길 위에 있는 거야

I was born this way

난 이렇게 태어난 거야

## 4. 결론: 레이디 가가, 혼란에 빠진 영성

레이디 가가의 영성은 삶에 대한 근본적인 긍정과 성욕에 대한 무제약적인 긍정과 인간 사이의 영원한 평화를 추구하는 영성이다. 그녀는 이 영성을 그녀가 태어날 때부터 받아들인 가톨릭 신앙 안에서 찾으려고 끊임없이 시도한다. 그러나 현재의 가톨릭은 그녀의 영성을 다 받아들일 수 없다. 그래서 그녀는 마음속으로 교회와 끊임없이 갈등한다. 그녀는 두 세계에 발을 딛고 서 있다. 하나는 죄를 인정하는 교회의 전통적인 영성이고 또 하나는 죄를 부정하고 다원적인 포스트모던적 가치를 받아들인 그녀의 동료와 팬들이다. 그녀는 하나님으로부터 모든 사람이 그들의 욕망에 충실하게 사는 것을 인정받기를 원한다. 그러기 위해서는 그녀의 영성에서 죄(sin)라는 단어를 없애고 회개(repentance)를 건너뛴다. 그녀의 기독교는 죄와 죄의식(guilty) 없는 종교이고 그것을 허용하는 영성을 옹호한다.

그러나 레이디 가가는 이 세상에 악(the evil)이 있으며, 이 악이 인류에게 엄청난 고통을 주고 있음을 잘 알고 있다. 그녀는 이 악과 싸워야 한다고 생각한다. 그녀가 벌이고 있는 많은 자선활동은 세상의 악과 싸우려는 그녀의 의지를 잘 보여 준다. 그러나 성경적인 의미로 볼 때, 악은 죄로부터 왔고 모든 죄는 사랑과 정의가 풍성하신 하나님에 의해서만 완전히 제거될 수 있다. 그 전제조건이 인간 모두가 자기 자신의 죄를 인정하는 것이다. 그리고 하나님이 죄를 스스로 해결할 수 없는 인간을 위해서 허락하신 예수 그리스도의 십자가와 부활의 신비를 믿어야 한다. 이것이 진정한 기독교 영성의 출발점이다. 그러나 레이디 가가는 모든 사람과의 현상적인 평화를 위해서 죄를 부정했다. 그녀의 영성이 혼란에 빠진 이유이다. 또한 그녀는 모든 종류의 성적 욕망을 만족시키기 위해 모든 성욕과 성행위에 면죄부를 주었다. 물론 레이디 가가 자신이 그것을 허용한 것이다. 그렇다고 인간의 성욕에서 죄가 사라지는 것은 아닌데도 말이다. 매일같이 일상적으로 일어나는 성폭행과 사이코패스에 의한 잔인한 살인을 레이디 가가는 있는 그대로 긍정할 수 있을까? 어디에선가 성에 대한 선악의 질서를 인정하지 않으면 세상은 긍정으로 끝나지 않는다. 여기에 레이디 가가 영성의 딜레마가 놓여 있다. 하나님은 그 누구든지 사랑하고 모든 사람에게 평화의 길로 나가라고 요구하신다. 그러나 하나님은 모든 사람 속에 있는 죄를 아시고 그들이 그 죄를 회개하고 하나님을 믿고 의지하기를 바라신다. 레이디 가가에게도 마찬가지이다. 그러나 레이디 가가 자신은 죄를 진지하게 받아들이기를 머뭇거린다. 이 점이 그녀의 영성의 가장 심각한 문제이다. 어쩌면 그녀는 마음속으로 이 죄를 인정하고 있을지도 모른다. 그녀의 세속적 성공주의(secular successism)가 죄의 공개적 회개를 방해하고 있을지도 모른다. 레이디 가가, 그녀는 자신과 동성애자 팬들의 죄를 인정하면서 평화와 선의 길로 나갈 수는 없는 것일까?

**최태연.**
성균관대학교를 졸업하고 숭실대와 독일 베를린자유대학에서 철학적 해석학으로 석·박사를 취득하였고 현재 백석대학교 기독교철학전공 교수로 기독교세계관, 기독교예술철학, 기독교와 과학, 기독교문화철학을 강의하고 있다.

1) Helia Phoenix, *Lady Gaga, Just Dance*, (London: Orion, 2010), 6.

2) Helia Phoenix, *Lady Gaga, Just Dance*, 21.

3) Alexia Tsotsis, *Google Interview with Lady Gaga: "Google Play To Its Strengths, Succeeds Brilliantly"*, (2011. 3. 23.).

4) Lizzy Goodman, *Lady Gaga: Critical Mass Fashion* (N. Y.: St. Martin's Griffin, 2010), 9.

5) E. M. 번즈, R. 러너, 『서양문명의 역사 III』 (서울: 소나무, 1996), 769-772.

6) Lizzy Goodman, *Lady Gaga: Critical Mass Fashion*, 109.

7) 정수진, "레이디 가가, 투어 적자에 '파산 위기' 충격" (2011. 6. 1.) 레이디 가가는 2009년부터 두 차례 세계를 돌며 '몬스터 볼(Monster Ball)' 투어에 나섰지만 지난 2년 동안의 공연에서 잦은 무대장치 변경 때문에 300만 달러(약 36억 원)의 적자를 봤다고 고백했다. http://media.daum.net/entertain/enews/view?cateid=1070&newsid=20110601103906376&p=xportsnews.

8) Helia Phoenix, *Lady Gaga, Just Dance*, 28.

9) 장 루이 프라델, 『현대미술』 (서울: 생각의 나무, 2004), 74-75.

10) 반스 코리아, "색色의 향연? 글램록(Glam Rock)", http://blog.vanskorea.com/?p=435.

11) 이동연, "일렉트로닉 팝 몬스터의 탄생-레이디 가가 Monster Ball Concert", (2011. 4. 9.), http://blog.naver.com/PostView.nhn?blogId=sangyeun65&logNo=110106494247&parentCategoryNo=4&viewDate=¤tPage=1&listtype=0.

12) 김세혁, "레이디 가가는 사탄숭배자, 팬들 갑론을박", 스포츠서울닷컴 (2011.11.03).

13) 한국교언론회, http://www.chpr.org/s04_3.htm?mode=read&read_no=282&now_page=1&menu=.

14) 이 뮤직비디오의 오컬트적 상징주의의 해석에 관해서 참고할 사이트: "Born this way 가사/뮤비 해석 : 일루미나티 선언-오컬티즘과 상징", http://blog.daum.net/j73lp7d3td/10.

15) 레이디 가가의 창작 책임자인 로리앤 깁슨(Laurieann Gibson)은 노래 가사가 어떻게 만들어졌는지에 대해 설명한다. "비신자와 신자가 함께 있는 방에서 구원과 평화와 진리 추구에 대한 대화를 통해 하나님이 위대한 방식으로 일하신다고 말하는 것은 놀라웠다. 그리고 그 하나님이 임재했던 장소는 초현실적이다…우리는 우리가 건드릴 권리가 없는 것은 다루지 않는다. 그러나 당신의 고통과 어두움과 유다로부터 놀라운 빛으로 나올 수 있다는 영혼의 영감과 생각은 결코 포기할 수 없다. 결론적으로 레이디 가가는 새 예루살렘을 창조했다." Free Britney, "Lady Gaga's 'Judas' - Awesome or Offensive?" (2011. 4. 16.), http://www.thehollywoodgossip.com/2011/04/lady-gaga-judas-awesome-or-offensive/.

16) 김삼, "레이디 가가는 크리스천?", 시사리뷰 (2011. 2. 21.), http://truthnlove.tistory.com/entry/%EB%A0%88%EC%9D%B4%EB%94%94-%EA%B0%80%EA%B0%80%EB%8A%94-%ED%81%AC%EB%A6%AC%EC%8A%A4%EC%B2%9C.


## 참고문헌


· E. M. 번즈, R. 러너, 『서양문명의 역사 Ⅲ』 (서울: 소나무, 1996).
· 장 루이 프라델, 『현대미술』 (서울: 생각의 나무, 2004).
· Helia Phoenix, *Lady Gaga, Just Dance* (London: Orion, 2010).
· Lizzy Goodman, *Lady Gaga: Critical Mass Fashion* (N. Y.: St. Martin's Griffin, 2010).

인터넷 자료

· 김삼, "레이디 가가는 크리스천?", 시사리뷰 (2011. 2. 21.), http://
truthnlove.tistory.com/entry/%EB%A0%88%EC%9D%B4%EB%94%94-
%EA%B0%80%EA%B0%80%EB%8A%94-%ED%81%AC%EB%A6%AC%
EC%8A%A4%EC%B2%9C.

· 김세혁, "레이디 가가는 사탄숭배자, 팬들 갑론을박", 스포츠서울닷컴
(2011.11.03), http://news.sportsseoul.com/read/entertain/983611.htm.

· 이동연, "일렉트로닉 팝 몬스터의 탄생-레이디 가가 Monster Ball
Concer", (2011. 4. 9.), http://blog.naver.com/PostView.nhn?blogId=sa
ngyeun65&logNo=110106494247&parentCategoryNo=4&viewDate=&
currentPage=1&listtype=0

· 반스 코리아, "색色의 향연? 글램록(Glam Rock)", http://blog.vanskorea.
com/?p=435.

· "Born this way 가사/뮤비 해석 : 일루미나티 선언-오컬티즘과 상징",
http://blog.daum.net/j73lp7d3td/10.

· 한국교회언론회, http://www.chpr.org/s04_3.htm?mode=read&read_
no=282&now_page=1&menu=.

· Alexia Tsotsis, Google Interview with Lady Gaga: "Google Play To Its
Strengths, Succeeds Brilliantly"(2011. 3. 23.).

· Free Britney, "Lady Gaga's 'Judas' - Awesome or Offensive?" (2011. 4.
16.), http://www.thehollywoodgossip.com/2011/04/lady-gaga-judas-
awesome-or-offensive/.

# About,
# 레이디 가가

미국의 대중음악전문지 《빌보드》(*Billboard*)가 선정한 2010년 '올해의 아티스트'. 시사주간지 《타임》(*Time*)지가 선정한 2010년도 '가장 영향력 있는 인물 100인', AP 통신이 선정한 2011년도 '올해의 엔터테이너(Entertainer of the Year)'. 이것이 레이디 가가(Lady Gaga)에게 붙은 수식어들이다. 게다가 그녀는 미국의 인터넷 검색 사이트 구글(google.com)의 인물 검색에서 2009년 한 해 동안 가장 많이 검색된 여성 뮤지션 1위로서 2011년 『기네스북』(*Guinness Book*)에 그 이름을 올렸다. 또한 미국 동영상 전문 사이트 유튜브(www.youtube.com)에 레이디 가가의 2010년 뮤직비디오 조회 수는 아티스트 최초로 10억 건을 넘었다. 뿐만 아니라 전 세계적으로 2012년 초까지 정규 앨범은 2,300만 장이, 싱글 앨범은 6,400만 장이 넘게 팔렸고, 그래미상을 5회나 수상하기도 했다.

게다가 그녀는 사회 활동도 지속적으로 펼쳐 왔다. 성적 소수자들의 인권 보호를 위한 행사에서 연설을 하고, 일본의 지진 피해를 위해 기금을 모으기도 했으며, 10대 청소년을 위한 재단도 설립하는 등 적극적으로 활동해 왔다.

2011년 경제전문지 《포브스》(*Forbes*)는 매년 발표하는 '세계에서 가장 영향력 있는 유명 인사 100(The Celebrity 100)'에 레이디 가가를 1위로 선정하였다. 이 리스트에는 배우와 모델, 운동선수, 작가, 뮤지션 등이 모두 포함되어 있는 명단인데 2008년 정규앨범을 가지고 데뷔한 지 3년 만에 영향력 있는 유명 인사 1위로 뽑힌 것이다. 2010년 1위였던 오프라 윈프리(Oprah Winfrey)까지 제치고 미디어 영향력과 소셜 미디어 추종자 부분에서 다 높은 순위를 받아 1위로 선정된 것이다.



### 1. SNS(Social Network Service)

그녀가 벌어들이는 수입도 급상승하고 있지만 모두가 알다시피 그녀는 SNS의 여왕이다. 미국 소셜 네트워크 및 마이크로 블로그 서비스 트위터(www.twitter.com)의 팔로워가 2천만 명이 넘어섰고, 글로벌 소셜 네트워크 서비스 페이스북(www.facebook.com)의 친구는 4,800만 명에 이르는 것은 그녀의 인기를 실감할 수 있는 부분이다. 이러한 인기와 영향력을 연구하여 미국 사우스캐롤라이나 대학(University of South Caralina)의 매튜 데프램 교수는 레이디 가가와 관련된 사회학 강의 개설을 고려하고 있다고 한다.

레이디 가가는 새 앨범 소식을 트위터로 알리고 뮤직비디오를 유튜브에 올린다. 또 페이스북에서 하는 소셜 게임인 '팜빌(farmvile)'에 '가가빌(GaGavile)'이라는 농장을 만들어 미션을 완수한 후에 신곡을 감상하게 한다. 게임을 통해 신곡이 공개되는 것은 레이디 가가가 처음이다. 게다가 팬들끼리의 교류를 위하여 '리틀 몬스터스(www.littlemonsters.com)'라는 소셜 네트워킹 사이트를 개설하여 활성화시키고 있다.


## 2. 이슈메이커(issue maker)

레이디 가가는 독특한 패션과 헤어스타일로 항상 이슈를 몰고 다닌다. 개구리 옷, 비눗방울 옷, 투명 옷, 검정양파 드레스, 비닐 드레스, 콘돔 드레스, 삭발과 팬더 분장, 만화캐릭터 눈 화장, 랍스터 헤어 및 단추 헤어 등 다양한 모습을 선보였다.

또한 2010년 MTV 비디오 음악상 시상식에는 생고기 드레스를 입고 나타났다. BBC 방송은 전문가들을 동원해 그녀의 생고기 퍼포먼스에 대해 여러 해석을 내놓기도 했으나 일부는 의미 없는 행동이라며 일축하기도 했다. 이 퍼포먼스에 대해 동물보호단체들로부터 맹비난을 받기도 했지만, 《뉴욕 타임즈》(*The New York Times*)는 생고기 드레스를 2010년 '올해의 아이디어'로 선정했으며, 현재 이 드레스는 오하이오 주 클리블랜드 로큰롤 명예의 전당(Rock and Roll Hall of Fame and Museum)에 화학 처리되어 전시 중이다. 뿐만 아니라 2011년 MTV 비디오 음악상(MTV Video Music Awards)시상식 오프닝 무대에서는 남장을 하고 자신의 곡 "You and I"을 불러 화제를 일으켰다. 레이디 가가의 거침없는 발언도 이슈가 되었다. 그녀가 네 번이나 파산했던 이야기나, 한 외신기자와의 인터뷰에서 자신이 양성애자라고 밝히면서 성적 의사를 노골적으로 표현하여 논란을 빚기도 했다.

세상의 시선을 모으는 가가의 독특한 패션 퍼포먼스의 아이디어는 어디서 오는 것일까? 이에 대해 가가는 자신의 퍼포먼스 아이디어가 "달빛과 섹스, 공포 영화나 포르노 등에서 영감을 얻는다."고 고백했다. 현재 인기를 얻고 있는 "Born this way"는 자살한 패션 디자이너 알렉산더 맥퀸이 하늘에서 지시한 대로 받아 적었다고 말하기도 했다.

### 3. Background

레이디 가가. 그녀의 본명은 스테파니 조앤 안젤리나 저마노타(Stefani Joanne Angelina Germanotta)이다. 1986년 3월 28일, 미국 뉴욕 용커스(New York, Yonkers)에서 태어났다. 부모는 이탈리아계 미국인이다. 아버지 조셉 저마노타(Joseph Germanotta)는 인터넷 사업가로 활동했고, 어머니 신시아(Cynthia Germanotta)는 통신회사에서 일했다. 그 외에 여동생 나탈리(Natali Germanotta)가 있다. 이들은 현재 뉴욕에서 '조앤(Joanne Trattoria)'이라는 레스토랑을 운영하고 있다.

레이디 가가는 왼손잡이다. 어렸을 때부터 음악을 좋아했던 그녀에게 어머니는 네 살 때부터 피아노를 배우게 해 주었다. 마이클 잭슨, 마돈나, 신디 로퍼 등의 노래를 줄곧 따라 불렀고 13세에는 발라드 곡을 작곡했을 정도다.

스테파니는 사람들 앞에 서는 것도 좋아했다. 어렸을 적, 부모님과 레스토랑에 가서도 긴 빵을 가지고 춤추기를 좋아한 것을 보면 그녀가 자신의 무대에서 독특한 퍼포먼스를 선보이는 것은 전혀 놀라운 일이 아니다. 게다가 14세가 되어서는 오픈 믹 나이트(Open Mic Night) 무대에서 피아노를 연주했고 '더 리지스 재즈 밴드(the Regis Jazz Band)'와 '더 세이크리드 하트 스쿨 콰이어(the Sacred Heart school choir)'에서 활동하기도 했다.

그녀는 뉴욕에서도 손꼽히는 가톨릭사립학교를 다녔다. 뚜렷한 개성 때문에 왕따를 당하기도 하고 발레리나와 같은 몸매를 갖고 싶어 하다 거식증을 앓기도 했지만 우수한 학업성적과 음악적 재능으로 뉴욕대학 티시 예술학교에 17세의 나이로 조기 입학하게 된다. 그 때부터 음악과 예술을 본격적으로 공부하면서 작곡 실력을 연마했다.


## 4. 길을 찾아 나서다

뉴욕대학에서 본격적으로 예술과 관련된 수업을 받으면서 그녀는 모든 것을 스펀지처럼 흡수했다. 앤디 워홀과 여러 아티스트들을 접했고 디자인 수업으로는 비주얼을, 연기 수업을 통해서는 무대에서의 연기를 배웠다.

논문을 쓰기도 했지만 2학년 2학기가 되자 대학을 그만두기로 결심한다. 뉴욕대학의 모든 수업은 그녀의 예술적인 영감을 풍성하게 해 주었지만 많은 경험을 쌓게 해 주지는 못한다고 여긴 것이다. 대학에서 공부할 수 있도록 적극적으로 지지해 주던 부모님에 대한 걱정도 있었지만 그녀는 스스로 새로운 삶을 살아가기로 결심한다. 직접 세상에 부딪혀 보기로 결정한 것이다. 결국 이러한 결정이 그녀의 삶을 바꿔 놓는 중대한 일이 되었다.

작고 값싼 아파트로 독립한 뒤, 카페에서 웨이트리스로 일하면서 곡을 썼다.

그녀는 'SG밴드(standing for Stefani Germanotta)'를 결성하여 '더 비터 엔드(The Bitter end)'와 '더 로워 이스트 사이드(The Lower East Side)'라는 클럽에서 라이브 공연을 하기도 했다. "Words"라는 데모 테이프를 만들었고 그녀에게도 서서히 팬들이 생기기 시작했다. 이후 〈Red & Blue〉라는 EP 음반으로 프로듀서인 롭 푸사리(Rob Fusari)를 만나게 되었다. 그녀가 글로리아 게이너(Gloria Gaynor), 브리트니 스피어스, 윌 스미스(Will Smith) 등 다양한 아티스트와 작업했던 롭을 만난 것은 행운이었다. 롭은 스테파니가 퀸의 프레디 머큐리와 비슷하다고 여겨 퀸의 노래 "라디오 가가"를 본따 그녀를 '가가'라고 불렀다. '레이디 가가'라는 예명은 이렇게 만들어졌다. 롭의 도움으로 "Disco Heaven", "Dirty Ice Cream", "Beautiful, Dirty, Rich"를 작곡하게 된다.

또한 그녀는 앤디 워홀이나 롤링 스톤스(The Rolling Stones)의 믹 재거(Mick Jagger)의 예술 세계를 동경해 그들처럼 마약을 했다. 그들이 느끼고 생각하는 대로 경험해 보고 싶었던 것이다. 이 시기 레이디 가가는 마약을 하고 비키니 차림으로 벌레스크 쇼(burlesque)에서 공연을 하기도 했다. 그러나 무대 위에서 자신의 몸을 창조적으로 표현할 수 있다는 자신감이 생기자 더 이상 마약을 하지 않았다.

같은 시기에 그녀는 뉴욕 '더 로워 이스트 사이드' 클럽에서 레이디 스타라이트라는 행위예술가를 만나 여러 클럽에서 함께 공연하였다. 이들의 공연은 미국의 뮤직 페스티벌인 '롤라팔루자(the Lollapalooza)'에 초청받아 뜨거운 반응을 얻기도 했다. 이 당시에도 그녀는 데이비드 보위, 퀸의 음악과 무대를 자신의 공연에서 새롭게 창조해 내고자 했다.

사실 레이디 가가는 19세가 되던 해에 '데프 잼(Def Jam)'과 계약했지만 3개월 만에 끝난 적이 있었다. 하지만 빈센트 허버트(Vincent Herbert)가 그녀의 재능을 알아보고, 브리트니 스피어스, 뉴 키즈 온 더 블록, 푸시캣 돌스, 퍼기 등의 곡을 작곡했던 이력이 크게 작용해 '인터스코프 레코드사'와 2008년에 계약을 하게 된다.

또한 싱어송라이터인 에이콘은 레이디 가가의 보컬 실력이 뛰어남을 알게 되어 '인터스코프 레코드사(Interscope Records)'의 지미 아이오빈(Jimmy Iovine)을 통해 '콘 라이브 배급사(Kon Live Distribution)'와 계약을 맺게 해 주었다.

제작자 레드원과는 데뷔 앨범을 함께 제작했고 "Boys Boys Boys"를 제작한다. 2008년 레이디 가가는 L.A.에서 데뷔 음반의 작업을 마친다. 또한 자신의 무대를 위해서 'Haus of Gaga'라는 창작팀과 함께 일하기 시작한다.


## 5. 자선 활동

2010년 1월 14일에 열린 콘서트와 온라인 쇼핑몰 수익금으로 50만 달러 이상을 아이티 지진 피해자들에게 기부하였다.

또한 레이디 가가는 유명 해외 브랜드 '맥(MAC)'과 협력해서 에이즈 감염자를 위한 기금을 모으기도 했다. 세계 에이즈의 날을 맞아 '디지털 라이프 희생(Digital Life Sacrifice)' 운동에 알리샤 키스와 같은 스타들과 함께 자선기금모금을 돕기도 했다.

맥 비바글램 캠페인의 2010년 홍보대사로 신디 로퍼와 함께 선정되어 '에스티로더'가 이들의 이름으로 출시한 비바 글램 립스틱과 립글로스를 판매해 맥 에이즈 펀드에 전액을 기탁했다. 2011년에는 일본의 지진과 쓰나미 피해자를 위해 5달러인 구호 팔찌를 디자인하여 판매한 수익금을 기부하기도 했다.

2012년 2월 29일에는 어머니와 함께 자신의 히트곡 중의 하나인 "Born this way"를 본딴 '본 디스 웨이 재단(Born This Way Foundation)'을 출범했다. 이 재단은 젊은 층의 자존감 확립, 왕따 방지, 멘토링, 직업 개발 활동 등을 위해 설립되어 매사추세츠 주 케

임브리지의 하버드대학에서 출범식을 가졌다. 이는 방송인 오프라 윈프리, 캐슬린 시벨리우스(Kathleen Sebelius) 미 보건부 장관, 학생 등 1,100여 명이 참석한 가운데 이뤄졌다.


### 6. LGBT(Lesbian, Gay, Bisexual, Transgender)

레이디 가가는 성적 소수자들을 옹호하는 것에도 앞장서고 있다. 그녀의 활동은 LGBT로 정의될 수 있다. 그녀에게는 게이 팬들이 많다. '아웃사이더의 군대'라고 표현하면서 항상 이들을 대변하는 활동을 많이 하고 있다. 한 인터뷰에서 그녀는 자신이 양성애자임을 밝히기도 했고 2009년에는 동성애자들의 인권을 위한 행사에 참여하기도 했다. 게다가 게이들이 군대에 지원하지 못하게 되어 있는 군 정책에 대해서도 비판적인 입장을 취해 왔다.

또한 레이디 가가는 동성 간의 결혼 합법을 주장한다. 자신의 요가 선생님의 동성 결혼식에 주례를 하기 위해서 목사 안수를 받을 계획이기도 하다. 2011년 6월 로마에서 열린 '유럽 게이 프라이드 퍼레이드(Gay Pride Parade)'를 통해서도 동성애자들의 인권에 대해 약 20분 동안 연설하기도 했다.

# Albums & Performances

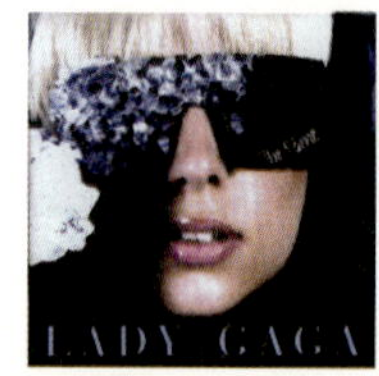



2008년 8월 19일부터
11월까지 있었던
뉴 키즈 온 더 블록의
콘서트 투어를 함께하기도 했
고 신곡 "Big Girl Now" 라는
곡에 피처링으로
참여했다.

## 2008

| 4.8 | 8.19 | 9.29 |

**첫 번째 싱글**
**"Just Dance" 발매.**

- 미국 외 5개국 1위.
- 2009년 그래미상
(Grammy Awards) 최우수
댄스 레코딩의 후보에
올랐다.

**첫 번째 정규 앨범**
**〈The Fame〉 발매.**

- 영국, 캐나다, 아일랜드 등에
서 1위에 올랐으며 1,200만
장이 판매되었다.
- 영국에서는 2009년 BBC 사
운드에서 떠오르는 뮤직 스
타 15인 중의 하나로 선정되
기도 했다.
- 2010년 그래미상(최우수 일렉트
로닉 / 댄스 앨범 부분)을 수상했으
며 특히 인기가 많았던 영국
에서는 음악 분야 영국 최고의
상으로 여겨지는 브릿상(BRIT
Awards)에서 최우수 인터내셔
널 여성 솔로 아티스트상, 최
우수 인터내셔널 신인 아티스
트상과 최우수 인터내셔널 앨
범상을 모두 수상했다.
- 또한 **"Paparazzi"** 로는
2009년 MTV 비디오 뮤직상
(MTV Video Music Awards) 최우수
아트 디렉션상과 최우수 특수
효과상을 받았다.

**두 번째 싱글**
**"Poker Face" 발매.**

- 발매와 동시 전 세계적
으로 1위.
- 2009년 MTV 유럽 음
악상(MTV Europe Music
Awards) 베스트 뉴 액트상
을 수상했으며 머치뮤직
비디오상(MuchMusic Video
Awards) 최우수 국제 아티
스트 비디오 부분을 수
상했고 2010년에는 그
래미상 최우수 댄스 레코
딩상도 수상했다.



팝
게릴라
레이디
가가

2009년 3월 12일을 시작으로 2009년 9월 29일까지 북아메리카, 유럽, 오세아니아, 아시아에서 70회의 공연을 가졌고 2009년 8월 9일에는 서울 올림픽공원에서 공연을 하기도 했다. 이때 입은 플라스틱 비누 거품 의상이 화제를 모은 바 있다.
성공적인 성적으로 투어를 돌면서 EP 음반인 〈The Fame Monster〉의 곡들을 쓰게 된다.

**2009**

11.18

LADY GAGA
THE FAME MONSTER

EP 음반(8곡 수록)
〈The Fame Monster〉 발매.

- 첫 싱글인 "Bad Romance" 는 미국에서는 2위를 기록했지만 영국, 캐나다, 프랑스, 독일, 아일랜드 등에서는 1위를 차지했다. 비욘세가 피처링에 참여한 "Telephone" 과 또 다른 싱글인 "Alejandro" 도 상위권을 차지했다.
- 이 앨범은 미국에서만 130만 장 이상이 팔렸으며, 5위까지 기록하여 플래티넘 인증을 받았다. 또한 2011년 그래미상 '올해의 앨범' 에 후보로 올랐으며 '최우수 팝 보컬 앨범' 으로 상을 받았다.
- "Bad Romance" 는 2010년 MTV 비디오 음악상에서 올해의 비디오상과 베스트 여자 비디오상, 베스트 팝 비디오, 베스트 댄스 뮤직비디오상, 안무상, 감독상, 편집상 등을 받았다. 2011 그래미상에서는 최우수 여성 팝 보컬 퍼포먼스, 최우수 단편 뮤직비디오상에 선정되었다.
- "Telephone" 은 2010년 MTV 비디오 음악상에서 베스트 협동상을 받았으며, 2011년 그래미상에서는 최우수 팝 보컬 콜라보레이션 후보로 올랐다.

**The Monster Ball Tour**

〈The Fame Monster〉의 성공으로 두 번째 콘서트 투어를 시작하게 된다. 2009년 11월 27일부터 2011년 5월 6일까지 오랜 기간 진행된 투어였다. 북아메리카에서 119회의 공연을 펼친 이 투어는 유럽과 오세아니아, 아시아에서 총 201회의 콘서트를 열었다.

2011년 6월 13일에는
오스트리아에서 〈Born This Way〉
앨범 홍보를 위한 콘서트가 있었다.

# 2011

**2.11**

**4월~5월**

**5.20**

싱글 앨범
〈Born This Way〉 발매.

- 그래미상 시상식에서 첫 무대를 선보인 레이디 가가는 새로운 싱글의 제목과 같이 알 속에서 나와 등장하는 퍼포먼스를 선보였다. 이 곡은 발표가 되자마자 음반 시장에서 높은 순위로 진입했다. 게다가 빌보드 핫 100에서 1,000번째 1위 노래, 아이튠즈 사상 가장 짧은 시간 안에 많이 팔린 싱글이라는 기록을 남겼다.

- 2011년 4월 15일 발표된 **"Judas"** 는 빌보드 핫 100에서 10위, 5월 9일에는 **"The Edge of Glory"** 를 발매해 영국 싱글 차트 6위를 기록하고 있다.

두 번째 정규앨범
〈Born This Way〉 발매.

- 1,108,000만 장이 팔렸다. 6월에는 빌보드 앨범 차트 1위에 올랐으며 영국, 호주, 독일, 프랑스, 일본, 한국 등을 포함한 13개 이상의 나라에서 1위를 기록했다. 영국에서는 다른 가수들의 앨범들보다 압도적으로 많은 양의 음반이 팔렸다.
- **"Judas"** 는 MTV 비디오 음악상에 베스트 아트 디렉션, 베스트 연출상 후보에 올랐으며, **"Born This Way"** 로는 베스트 여자 비디오상과 베스트 메시지 비디오상을 수상했다. MTV 유럽 뮤직상에서는 베스트 송, 베스트 비디오, 최고의 여성상, 최다 팬상(Biggest Fan)을 수상했다.
- 8월 23일에는 **"You and I"** 를, 11월 15일에는 **"Marry the night"** 싱글을 발매했다.